D1178673

LES CROCODILES
NE PENSENT PAS !

DU MÊME AUTEUR

L'EAU NE COULE PAS : le yoga de la non-dualité,
1995, Éditions du Relié, Gordes.

Présentation de Placide Gaboury

LES CROCODILES
NE PENSENT PAS !
Reflets du tantrisme cachemirien

Propos recueillis par Colette Chabot
et Hervé Soupiron-Michel

Entretiens avec Éric Baret

 Editions de Mortagne

Données de catalogage avant publication (Canada)

Baret, Eric

Les crocodiles ne pensent pas! : reflets du tantrisme cachemirien : entretiens avec Eric Baret

ISBN 2-89074-496-5

1. Tantrisme - Cachemire. 2. Baret, Eric - Interviews. 3. Shivaïsme du Cachemire. I. Chabot, Colette. II. Soupiron-Michel, Hervé. III. Titre.

BL1283.832.C32B37 1994 294.5'514'09546 C94-941372-0

Édition
Les Éditions de Mortagne
250, boul. Industriel, bureau 100
Boucherville (Québec)
J4B 2X4

Éditeur-conseil
Colette Chabot

Diffusion
Tél.: (514) 641-2387
Téléc.: (514) 655-6092

Photographie de la page couverture
Jean-Marc Angles

Dépôt légal
Bibliothèque nationale du Canada
Bibliothèque nationale du Québec
Bibliothèque Nationale de France

4e trimestre 1994

ISBN: 2-89074-496-5

1 2 3 4 5 - 94 - 98 97 96 95 94

Imprimé au Canada

Remerciements

L'idée de ce livre, toutes les étapes de sa réalisation, ainsi que la gestion et l'encouragement des bonnes volontés doit tant au formidable enthousiasme et au travail acharné de Colette Chabot. Sans les efforts de Hervé Soupiron-Michel, les réunions permettant d'approfondir l'approche corporelle et les discussions s'y ramenant n'auraient pas pu avoir lieu. Sa sensibilité est très présente dans certaines corrections et dans la présentation. En plus de sa généreuse préface, Placide Gaboury a offert son temps pour transcrire et élargir notre discussion sur le symbole de la croix. L'hospitalité de Claire Varin a permis d'explorer quelques aspects du tantrisme cachemirien. Son regard acéré a combattu les anglicismes et les adverbes inutiles. Hélène Noël a relu ces textes, s'effaçant totalement derrière la parole, pour en affiner la syntaxe.

C'est avec émotion que je remercie tous ces amis pour leur temps et leur affection. Sans eux, les crocodiles seraient toujours dans leur mare. J'apprécie le courage de mon éditeur, Guy Permingeat, pour avoir accepté dans ses collections ces étranges animaux.

Éric Baret

Note de l'éditeur

Nous avons tenté de conserver à ces entretiens leur fraîcheur originelle. Le premier est extrait d'une entrevue de la série télévisée *À moitié sage,* diffusée par le réseau Vidéotron. Le deuxième est né d'une réunion d'amis chez l'écrivain Claire Varin. Le chapitre sur *Le symbolisme de la croix* est issu de la rencontre de Placide Gaboury et d'Éric Baret à Ste-Adèle tandis que *Le Tantrisme* est la transcription de l'entrevue de Raymond Bourret pour le vidéomagazine *Conscience.*

La deuxième partie de ce livre est issue des séminaires organisés au Québec par Hervé Soupiron-Michel dans le cadre de l'*Association Tradition et Partage.*

À Jean Klein dont l'amitié
a été le ferment de cette recherche.
L'essence et même souvent la formulation
de ce livre lui doivent tout.

TABLE DES MATIÈRES

PRÉSENTATION

Pour beaucoup, le tantrisme du Cachemire apparaî-tra comme une révélation. Mais qu'il puisse se présen-ter avec autant de simplicité, dans les mots de tous les jours, avec transparence et spontanéité, cela relève vraiment de la merveille.

Les textes qui suivent sont animés d'une immédia-teté qui touche, qui remue, qui interpelle de façon radicale. Certains passages pourront sembler très har-dis sinon dérangeants. C'est l'avantage d'un texte par-lé, surtout s'il vient directement de la conscience : il n'est pas apprêté, ne fait pas de phrases et ne se soucie pas d'être littéraire. Il mène plus loin parce qu'il part de plus loin. Une telle expression qui sourd du silence n'essaie pas de plaire, de gagner son lecteur, ou de lui donner la satisfaction de se sentir savant. Elle élimine les interférences mentales, pour apparaître dans sa nu-dité. Et c'est justement parce qu'elle est écoute dans le silence que cette parole peut toucher celui qui est à l'écoute. Une telle parole ne trompe pas. L'auditeur est immédiatement saisi : il s'arrête soudain comme si jamais auparavant il n'avait entendu une telle musique et qu'il la reconnaissait enfin comme celle qu'il avait toujours pressentie au-delà des sons. Il entend une voix qui semble émerger de son propre fond. L'écoute est devenue unisson.

En général, le tantrisme est assez mal connu en Occident : soit qu'il apparaisse sous forme altérée, soit qu'il demeure partiel, préoccupé davantage de sexualité que d'éveil de la conscience. Il s'en tient souvent à des techniques de manipulation inspirées par des buts à atteindre, des états particuliers, des plaisirs plus intenses ou plus durables. On demeure ainsi au niveau des moyens et des fins, dans un programme d'amélioration personnelle qui ressemble à beaucoup d'autres, même s'il peut sembler plus séduisant et prometteur. On enseigne ainsi un mélange de tantrismes tirés de diverses traditions : tibétaine, indienne, taoïste et autres.

Quant au tantrisme shivaïte du Cachemire, le fait qu'il soit peu connu l'a sans doute protégé de ces manipulations. À cause de cela, ce livre d'entretiens prend toute son importance : il permet de recevoir un courant de première main, une parole vivante corporellement ressentie, qui coupe court aux interprétations non autorisées ou romantiques.

Il est clair que, dans les entretiens qui suivent, seule compte la transmission et non son porte-parole. Lorsque le courant d'origine émerge dans toute sa pureté, il peut alors toucher le cœur et nous ramener de l'expression à sa source.

Placide Gaboury

Première partie

Reflets de la vie

N'avoir rien à penser est ce que l'on nomme penser au Bouddha.

Ta- p in ching

1

L'EAU NE COULE PAS

Éric Baret, je vous ai connu par des entretiens intitulés L'eau ne coule pas. *Que veut dire ce titre ?*

C'est une forme poétique. Profondément, cela ne veut rien dire. Mais si on voulait l'exprimer au niveau du mental, cela signifie que la conscience n'est pas impliquée dans sa manifestation.

Vous avez été invité à Montréal pour animer un séminaire de yoga. Qu'est-ce que le yoga pour vous ?

C'est une attitude. On ne vous dit pas où vous diriger mais plutôt comment laisser la perception s'exprimer totalement.

J'ai assisté à une séance de deux heures avec vous afin de préparer cette entrevue. Je n'ai jamais été spécialement attirée par le yoga. Pourtant, avec vous, j'ai eu l'impression de sentir pour la première fois de ma vie ce qu'était le yoga. C'est si doux. Les pratiques de hatha-yoga que j'ai connues visaient à défaire les tensions, à lutter contre le stress, etc. Ce yoga de la non-dualité que vous enseignez n'a rien à voir avec celui qui est enseigné en Occident ?

Vouloir mettre l'accent sur les tensions fait partie de ce qu'on appelle en Inde « la voie progressive », c'est-à-dire la purification. Dans les voies progressives, on entretient en quelque sorte l'idée que la création est séparée du créateur. Dans une démarche directe, on peut momentanément mettre l'accent sur certains nœuds, sur certains antagonismes. Mettre l'accent, cela veut dire éclairer ces nœuds du point de vue de notre écoute, de la tranquillité. Vouloir systématiquement purifier son corps et son mental, c'est uniquement de la violence. C'est une projection. On vit dans le futur. C'est une anticipation. Le yoga, au contraire, se fait dans l'instant. Il n'y a rien à attendre. Ce qu'on est a toujours été présent. Il n'y a rien à trouver. Vous faites uniquement face aux faits, qui quitteront peu à peu leur caractère isolé, restrictif. Dans votre vision qui n'attend rien, les faits que vous observez, qu'il s'agisse de sensations corporelles ou d'autres éléments, vous feront découvrir des ramifications inconnues qui pourront se référer éventuellement à leur environnement. Une tension qui se réfère à son environnement n'est plus une tension, parce qu'une tension c'est la séparation. Vouloir systématiquement lutter contre une tension provoque un ajournement. C'est un cercle vicieux. Vous passez toute votre vie à vous détendre. C'est un manque de perspective.

Vous semblez, en définitive, plutôt contre l'approche où un groupe se réunit pour faire des exercices ou des mouvements de façon systématique. Vous semblez assez éloigné de cette culture physique qu'on appelle yoga ou hatha-yoga. Ce n'est pas du tout votre pratique ?

Je ne suis pas contre le fait que l'on se réunisse régulièrement. On se réunit alors pour la joie d'être ensemble. On se réunit pour laisser vivre le silence entre amis. C'est une belle réunion. Mais se réunir dans le but d'une progression, d'un « vidage » du corps, c'est un manque d'orientation.

Votre approche est cachemirienne. On parle de yoga cachemirien. Qu'est-ce que cette tradition ?

On présente très souvent le yoga en référence au Vedanta. Le Vedanta est une démarche non duelle. Il pointe directement vers le silence. Très souvent, le yoga est une démarche progressive. Au Cachemire, quelques siècles avant le 1er millénaire, est apparue pour la première fois dans l'histoire de l'Inde, une formulation qui mettait l'accent sur la liberté fonda-mentale tout en incluant les multiples aspects de la vie. Cette approche du yoga était éclairée d'un point de vue direct et apparaissait à ce moment-là comme une célébration.

Vous êtes également un collectionneur d'art puisque cette représentation d'Indra qui illustre votre livre, c'est vous qui l'avez trouvée en Orient et ramenée en Occident. Il s'agit bien d'une œuvre d'art très ancienne?

Ce n'est pas une œuvre très ancienne. C'est une œuvre du XIIIe siècle, de la région du Népal. Collectionner n'a pas de sens, mais il est arrivé, par la chance de la vie, que je rencontre des œuvres comme celle-ci. Puis ces œuvres m'ont quitté.

Quand vous vivez avec un objet d'art un certain temps ou quand vous allez au musée, vous êtes touché par une forme. À partir du moment où vous ne vous référez pas à votre connaissance, à cette habitude de vouloir dater, nommer, expliquer cette forme, vous vous laissez vraiment prendre par le goût de cette forme. Sa saveur vit en vous corporellement. Vous ressentez une certaine liberté.

En regardant, par exemple, un bouddha khmer, vous voyez ce sourire, et puis, à un moment donné, vous êtes ce sourire. Parce que c'est un art qui n'a pas été créé par une personnalité. C'est une expérience intérieure qui se concrétise. De la même manière, quand vous entendez certaines œuvres de Mozart, vous goûtez votre propre silence. C'est parce que cette musique est venue du silence. Quand vous regardez une œuvre d'art authentique, elle vous ramène à son origine.

Dans un de vos entretiens, vous dites : « L'essentiel s'expérimente dans l'intimité. Le yoga se pratique seul. Il est impossible d'écouter et de sentir à la fois, et de ce fait un cours de yoga est un non-sens. »

Il ne faudrait pas codifier, ériger des règles. On peut dire le contraire aussi. Si vous rencontrez quelqu'un qui a un certain goût pour ces choses, qui a connu les mêmes antagonismes que vous, il vous fournira un certain nombre de données et d'aperçus sur ces antagonismes. Cela, c'est un savoir de seconde main. Ensuite, vous allez vous approprier ces données mais non pas par discipline, parce que ce n'est pas possible. On vous a fourni une manière de faire face à la situation, aux différents antagonismes dans le corps, dans le souffle, dans la pensée. Comment ne pas mettre l'accent sur l'antagonisme perçu et rester dans votre ouverture où l'antagonisme s'exprime ? C'est à vous de faire d'une expérience de seconde main une expérience de première main, car le vécu intime ne se transmet pas. On peut uniquement transmettre l'orientation.

Comment en êtes-vous venu à ce yoga ?

On ne vient pas à une tradition. C'est un courant qu'on pressent sans pouvoir le formuler, et puis, un jour, on rencontre un texte ou quelqu'un. Puis on s'aperçoit que ce texte ou cette personne exprime ce qu'on pressentait depuis longtemps sans avoir pu l'exprimer aussi clairement. La personne rencontrée a l'expérience directe de ce qu'on pressentait. Donc, c'est tout à fait non personnel. On ne peut pas chercher un gourou. On ne peut pas chercher à appartenir à une tradition.

Vous avez connu votre maître il y a vingt-cinq ans et on m'a dit que l'approche que vous exprimez maintenant vous vient de lui, que vous avez été formé par lui. Est-ce exact ?

On ne peut pas dire « formé ». Disons plutôt que la formulation que j'ai entendue de sa bouche m'a paru très appropriée, imprégnée de silence, et que j'ai éprouvé une certaine joie à goûter cette formulation.

Qu'est-ce qu'un maître ? Quelle est la lignée de votre maître ?

On ne peut pas être très proche d'un maître. Il n'y a pas cet élément qu'on peut avoir dans les relations mondaines : proximité ou éloignement. Il y a un goût qui est là. Ce goût s'exprime dans le temps, à travers telle ou telle forme. En fait, c'est un lien qui ne lie pas. Vous ne pouvez pas avoir la photo de votre maître, vous préférez mettre une page blanche sur un mur. Vous ne pouvez pas penser à votre maître. En Inde, vous ne nommez pas votre maître. Quand vous êtes amoureux, vous ne vous représentez pas un objet puisqu'il s'agit d'une intimité qui ne peut être formulée. Il n'y a pas de lignée ni de succession, sinon cela devient du commerce. Il y a seulement une évidence.

Vous avez pourtant écrit quelque chose de très beau au sujet du maître. Puis-je vous demander de nous le répéter ? Car, je ne voudrais pas déformer vos paroles.

Une citation est faite pour être oubliée tout de suite. Celle dont vous parlez a été faite dans un contexte spécifique. Ce sont des propos qu'on prête au légendaire Hanumãn, le dieu du souffle, celui qui unit Rama à Sita. Rama, c'est la conscience. Sita, c'est la conscience qui a oublié qu'elle était conscience. Hanumãn est le dieu du vent, du souffle. Dans le yoga, c'est l'union des souffles intérieurs et de ce que l'on appelle en Inde le *prãnã-ãpanã* qui célèbre la compréhension. Donc, c'est dans ce sens-là que Hanumãn est toujours adoré avant la pratique du yoga. La citation qu'on lui prête est exprimée dans le sens où Hanumãn est également le symbole de l'élève parfait en Inde. C'est le serviteur de Rama. On lit dans les textes que, lorsqu'il a été interrogé sur sa relation à Rama, il aurait répondu :

Du point de vue de mon corps, je suis son serviteur.
Du point de vue de mon mental, je suis son disciple.
Du point de vue de ma réalité profonde, je suis Lui.

Mais il faut l'oublier !

2

REFLETS DE LA VIE

Qu'est-ce que le tantrisme ?

Cette question est trop intellectuelle, trop conceptuelle. Le tantrisme, ce n'est rien. Cela n'existe pas.

Il faudrait une question qui vienne vraiment d'une interrogation sur la vie. Le tantrisme, cela n'existe pas.

J'aimerais vous entendre parler du silence, du fait qu'il vient du sommeil profond. Pourriez-vous développer ?

Le silence ne peut jamais être une pensée, une perception. On est en identité avec ce silence. Dans le sommeil profond, il n'y a pas d'identification. Personne ne dort.

Dans l'état de veille, dans le rêve, il y a un veilleur, un rêveur. Dans le sommeil profond, il n'y a pas de dormeur. C'est un état tout à fait non duel. C'est le sommeil profond qui vous invite à méditer.

Vous dites aussi que dans l'action il n'y a personne qui agit. Vous dites que c'est comme dans le sommeil profond.

C'est seulement après l'action qu'on dit : « j'ai agi », mais dans l'action il y a unité. L'acte est spontané. Il n'y a jamais d'acteur.

Parlez-nous de l'autonomie...

L'autonomie, c'est se rendre compte que le corps et le mental sont complètement conditionnés. La manifestation est conditionnée. Il n'y a pas de liberté corporelle et pas de liberté mentale. Ce sont des fantasmes. Quand vous ressentez cette évidence profonde que votre corps et votre psychisme seront toujours soumis aux conditionnements, vous pressentez l'autonomie. C'est le résultat d'avoir compris, d'avoir ressenti la non-autonomie.

Le fait de se voir complètement éparpillé, est-ce un rappel de l'union, de l'unité ?

Oui. Quand vous êtes en colère, vous ne le savez pas. Quand vous dites, « je suis en colère », c'est que vous avez déjà quitté le schéma. Quand vous constatez votre maladie, vous occupez sciemment la santé, sinon vous ne pourriez pas dire : « je suis malade » ! D'ailleurs, cela suffit ! Il faut voir la non-santé, la non-autonomie. Il n'y a rien à faire : la non-autonomie appelle nécessairement l'autonomie.

Pourquoi ne répondez-vous pas à la question : « Qu'est-ce que le tantrisme » ?

Le tantrisme, c'est de percevoir la non-autonomie. C'est de se rendre compte que la corporalité, le souffle, le psychisme sont continuellement en réaction, qu'ils s'interposent constamment devant l'action juste.

On dit que le tantrisme, dans les rapports sexuels, peut amener à des états d'énergie d'une qualité si particulière que la jouissance nous révèle notre identité avec des déités. Mais au quotidien, puisque nous ne sommes pas constamment en rapport avec un partenaire, qu'est-ce qu'apporte le tantrisme ?

Soyons clairs. Le tantrisme n'est pas un état. Ce n'est pas du commerce. Le yoga classique vise un état alors que le tantrisme c'est le pressentiment de ce qu'il y a derrière les états. Vous avez toujours ce goût du silence. Je ne dis pas qu'il n'y a pas différentes actualisations, mais ce que vous êtes profondément n'est pas un état. Aucun exercice ne peut vous le donner. Ce n'est pas à l'extérieur. Les états vont et viennent mais ce silence est la toile de fond. Dans le tantrisme, on ne vise jamais ces états même si certains rituels incluent quelques éléments techniques. Ils ne visent pas un fragment. C'est une célébration, au-delà des états. Le corps, le souffle sont des expressions très fines de la conscience. Quand le souffle est vide d'avidité et de peur, vous pouvez envelopper votre environnement. Cette découverte de l'environnement est une fraction de la démarche tantrique. C'est uniquement possible quand le souffle est libre. On ne peut éprouver le désir et participer de ces rituels. Le désir est une énergie qui nous isole de la globalité. C'est uniquement dans l'absence de désir que l'énergie est disponible pour refléter la conscience. Bien sûr, il y a des rituels très précis pour refléter la joie. La perception est certainement ce qu'il y a de plus proche du silence. Vous devenez conscient des sonorités, des couleurs, des goûts. Il y a certaines couleurs que vous ne portez plus. Les tons que vous mettez pour aller à l'église sont différents de ceux que vous portez pour recevoir votre amant. Vous ne mettez pas le même parfum, ne mangez pas les mêmes aliments avant une rencontre avec votre percepteur ou avec votre amoureux. Certaines positions du corps favorisent un éveil d'énergie, d'autres l'anxiété et la peur. Quand vous visitez certains temples du nord de l'Inde, vous observez la statuaire érotique et la première chose que l'on remarque, c'est que ces corps sont complètement libres. Les épaules sont basses, la glotte et le sternum aussi. Les mains sont sans préhension. Aucun désir n'intervient. Dans la vie de tous les jours, on se donne à la sensorialité. On découvre que la vie ne peut être pensée, qu'elle est sensorielle.

Donc, vous vous ouvrez au monde sensible. Quand vous entrez dans un espace, vous le touchez. Quand vous regardez un arbre, vous le touchez. Vous n'êtes pas obligé d'avoir un homme ou une femme à côté de vous pour être sensible.

*Comment la sexualité s'insère-t-elle dans l'ensemble de
la tradition cachemirienne ?*

La sexualité, c'est un reflet. Si vous vivez dans une
fraction, la sexualité sera fractionnelle. Si vous vivez
dans l'avidité et la peur, la sexualité en sera un reflet.
On ne peut fabriquer une sexualité saine, c'est un reflet
de votre ouverture. Vous conduisez votre voiture de la
même manière que vous vous comportez dans vos
rapports sexuels. Il n'y a pas de différence. Vouloir
créer une sexualité élaborée alors qu'on fonctionne
dans un schéma qui s'exprime en « j'aime ou je n'aime
pas », « profitable ou non profitable », c'est une caricature. Si l'on a une profonde interrogation sur la vie et
que l'on n'a pas l'arrogance de vouloir répondre à la
question, une orientation se fait. La sexualité, comme
tous les autres aspects de la vie, est affectée par cette
orientation. Le besoin se vide et il ne reste que la
disponibilité. L'interrogation se fait aussi au niveau de
la sexualité. Est-ce que j'ai besoin d'être touché pour
sentir mon corps ? La plupart des gens ne sentent pas
leur corps. Éventuellement, ils sentiront la fermeté d'un
fauteuil. Ils sentent leur tête quand ils ont mal à la tête.
Quand ils ratent un clou, ils sentent le coup du marteau
sur le doigt. C'est très rare de rencontrer quelqu'un qui
sent son corps. Dans les rapports sexuels, les humains
sentent deux ou trois parties de leur corps. Donc, vous
vous interrogez. Ce qui amène une certaine purification. Puis vous allez vous rendre compte que le corps
est une totalité. Quand vous laissez une sensation s'ex-

primer totalement, cette sensation particuliaire vous ramène à la globalité du corps.

Vous découvrez que lorsque vous éprouvez un désir
vous quittez la sensation globale du corps. Quand la
corporalité est complètement sensible, il n'y a pas de
désir. Vous sentez cette globalité. De nouveau, le désir
vient, vous sentez la région du sexe et deux ou trois
autres régions. Donc, vous allez mener votre recherche
sur ces choses-là aussi. Cela peut aller très loin. Comment cela se passe avant une rencontre ? Comment
cela se passe après ? Comment est le souffle ? Où se
localise-t-il ? Vous allez faire un certain nombre de
constatations. Il faut vraiment que ce soit une interrogation. C'est uniquement après cette recherche, si vous
êtes né pour cela, qu'il y aura des rituels pour célébrer,
pour approfondir cette sensibilité. Il y a des jours plus
propices que d'autres pour déclarer une guerre ou rencontrer une autre personne. Les hommes et les femmes
sont liés à certains cycles. Ces cycles subtils de la corporalité sont une expression de la conscience. Chaque
zone du corps est liée à certaines colorations, à certains
parfums, à certaines vibrations. Vous devenez très sensible. Vous devenez réceptif au mouvement de la lune.
Vous allez sentir si un homme ou une femme a un
cycle qui correspond au vôtre, selon les phases lunai-
res. Tout cela devient très vivant pour vous. Ce n'est
pas un concept. Vous ne suivez pas un calendrier. Tout
cela est très lié au rythme du souffle. Le rythme du
souffle et les phases de la lune, c'est la même chose.

Ils sont intimement liés. Quand vous avez les mains vides, il y a une évidence qui s'inscrit en vous. Tous les rituels, et ils sont très nombreux, deviennent possibles s'ils se réfèrent à votre sensibilité. Un corps qui vit dans l'avidité, dans le devenir et qui veut s'unir à la pleine lune, avec un autre corps qui veut telle ou telle position, tel ou tel rythme du souffle, porter une chemise rouge, allumer de l'encens dans la pièce, c'est du « toc ». C'est comme un non-chrétien qui vient à l'église et qui fait le signe de la croix, c'est une caricature.

Ce n'est pas, à ce moment-là, basé sur l'écoute mais sur une intention ?

Certains livres sur le tantrisme suggèrent de nombreux exercices. Cela n'a pas de sens. Faire le signe de la croix ne vous rend pas chrétien. Les rituels proviennent d'une évidence, d'une écoute. La pratique d'un rituel n'amènera jamais l'écoute. La découverte de la sexualité est une chose fondamentale. La sexualité n'est pas liée au toucher. En Inde, on sait très bien que, lorsque vous pensez à quelqu'un, vous le touchez. Vous regardez quelqu'un et vous le touchez. Le contact est constant. Très souvent, ce que l'on appelle en Occident un contact physique n'est qu'une fraction. Dans l'Inde traditionnelle, quand le mari entre dans une pièce, vous voyez souvent la femme baisser les yeux et même sortir de la pièce. L'intimité est trop forte pour être partagée avec des étrangers. Il ne s'agit pas, bien sûr, d'expression de domination et d'infériorité mais plutôt d'une grande intensité.

Est-ce pour cela que l'on se dit parfois touché par une personne ? On est touché dans le cœur ?

Exactement ! Quand vous pensez à une personne que vous aimez, vous la caressez. C'est uniquement si le contact est global que le contact physique pourra faire vibrer, dépouillé de son avidité, de sa peur. À ce moment-là, la corporalité devient magique. Si on l'isole de son aspect vibratoire, on reste dans un monde mécanique.

Je ne connais rien au tantrisme mais j'ai connu des gens tout à fait sincères qui se sont investis dans des approches tantriques et qui ont pensé sincèrement que le libertinage sexuel, que les échanges de couples, par exemple, les libéreraient vraiment des tabous, des restrictions engendrées par leur éducation et une pensée puritaine. Leur maître était un Occidental qui avait plus ou moins suivi les enseignements d'un maître oriental. Ne devaient-ils pas passer par ces pratiques pour se rendre compte que ce qu'ils cherchaient, aucune pratique ne pouvait le leur donner, que la libération n'est pas dans un ou des actes sexuels avec des partenaires variés ?

Qui voulait libérer qui ?

N'avez-vous pas déjà dit que la sexualité représentait une fixation et que le tantrisme tentait d'abord de libérer ces zones-là ?

Non. Ce qui peut libérer la sexualité, c'est l'amour. Aucune pratique ne peut libérer. Elle peut camoufler ou ajourner un problème. Vous pouvez déplacer un problème par une pratique, c'est certain. Mais seuls l'amour, l'écoute, la sincérité peuvent libérer. Quelqu'un de sincère ne cherche pas à s'approprier le monde. Si vous massez quelqu'un, vous pouvez apaiser certaines douleurs, mais vous ne pouvez certainement pas redonner la santé. Je ne dis pas que les techniques sont totalement inutiles. Mais elles sont valables uniquement si elles sont portées par une humilité, une réceptivité, une écoute globale. Chaque être humain fonctionne différemment. Le rythme de telle ou telle personne est différent de celui des autres. C'est pour cela qu'on ne peut pas suggérer un exercice ou un régime alimentaire en général. C'est totalement individuel. Chaque personne a une chimie du corps différente, une vibration différente. Il n'y a pas de rythmes universels. Un exercice est individuel. D'ailleurs, ce n'est pas un exercice, c'est une attitude de découverte.

L'interprétation de l'amour est différente pour chaque être, n'est-ce pas ?

L'Amour, c'est le silence. C'est ce silence que l'on porte tous dans l'unité.

Pouvez-vous faire la différence entre silence et mutisme ?

Le mutisme, c'est l'absence de parole. Le silence n'est pas lié à la parole ou à l'absence de parole. Il n'est pas lié à l'absence de son. Le silence, c'est l'arrière-plan constant des choses. Il n'est pas lié à la présence ou à l'absence d'une perception.

Je suis thérapeute et j'ai appris que, lorsque quelqu'un souffrait, il importait qu'il parle de ce qu'il vivait, de sa douleur. On m'a appris que la parole libérait...

Généralement, l'être humain n'est conscient de ses réactions qu'en surface. Si vous dites à la personne : « Le soir, avant de vous coucher, prenez dix minutes et parlez à votre chaise. Mettez vos vêtements sur la chaise, installez-vous dans votre lit, puis parlez à votre chaise. Racontez-lui votre journée. Ce n'est peut-être pas évident les premiers jours, mais, après un certain temps, vous verrez... »

Mais si quelqu'un a une vie un peu profonde, le fait de formuler un problème ou non ne se pose même pas. Ce qui se passe pour vous ne vous concerne pas du tout. Ce qui surgit ou disparaît en vous ne laisse pas de trace. La tendance à se raconter ne se pose plus. Si la circonstance l'impose, pour des raisons historiques ou pédagogiques, vous pouvez très bien décrire un événement. Croire qu'exprimer les choses libère totalement est une impression de surface. Peut-être que favoriser l'expression a une certaine valeur dans l'éducation des enfants. La maturité venant, le besoin s'estompe. Ce qui libère, c'est la prise de conscience. Il peut être plus indiqué de se raconter à une chaise. Votre chaise ne vous juge pas. Elle n'attend rien de vous. Un thérapeute aura toujours une forme de restriction. Jung a attendu d'être très âgé pour raconter certains de ses rêves de jeunesse. S'il s'était raconté à une chaise, très vite il aurait pu exprimer ses rêves librement.

Je vous parle ici d'un patient qui a raté son suicide, qui a eu des conflits avec son père et sa mère. Je ne me vois pas très bien lui dire : « Va parler à ta chaise ! » Quand j'ai été moi-même souffrant, j'ai dit : « J'ai mal, écoute-moi ! » J'avais besoin d'être écouté par autre chose qu'une chaise.

Vous avez des préjugés sur les chaises. Pourtant, une chaise vous écoutera plus profondément qu'aucun être humain. Je ne suis pas obsédé par les chaises et on ne peut pas donner des recettes en général. Tôt ou tard, vous verrez que ce qui libère vraiment, c'est la neutralité. La neutralité n'analyse pas, ne juge pas. Vous trouvez une personne sympathique parce qu'elle ne vous juge pas. Elle ne vous demande rien. Jusqu'à un certain point, on projette toujours quelque chose sur un autre être humain. C'est cette projection qui empêche de pouvoir complètement accueillir une personne. Vous parlez à des gens qui suivent des thérapies et vous savez qu'ils ne disent pas tout à leur thérapeute parce qu'ils ont honte. Ils ne révéleront pas leurs fantasmes. À une chaise, vous pouvez tout dire, vous pouvez aller très loin. Évidemment, il faut une certaine maturité.

Est-ce si important de tout dire à un thérapeute ou à une chaise ou à tout autre objet ?

Non. Cela n'a aucune importance. Vous pouvez très bien vous libérer d'un conflit sans jamais l'avoir formulé. Mais, dans certains cas, formuler peut amener à une prise de conscience, bien que ce ne soit pas indispensable. L'action ne libère pas. La pensée ne libère pas. Ce qui libère, c'est d'être complètement ouvert à la situation. Il se peut que, momentanément, vous mettiez l'accent sur la parole, sur la pensée ou l'action, mais c'est seulement une préparation pour amener à cette écoute. C'est uniquement cela qui fait sentir profondément le conflit. C'est pour cela que le tantrisme est une tradition merveilleuse si on aborde tous les éléments rituels en tant qu'expression de la conscience. L'action exprime quelque chose mais ne libère pas. Vous exprimez ce que vous avez en commun avec le monde par votre action. Mais croire qu'une action ou un rituel libère, c'est un manque de vision juste. Ce que vous faites n'a profondément aucune importance.

Donc, l'important n'est même pas d'être innocent ou coupable ?

Si vous vous prenez pour une entité personnelle, vous êtes responsable de vos actes.

Concernant la responsabilité, si je dis à un sidéen qu'il est responsable de ses actes, ne se sentira t-il pas davantage coupable et honteux ?

À un moment donné, vous voyez très bien que la naissance et la mort ne sont pas entre les mains de la nature humaine. Il n'y a jamais personne qui a tué ou qui a créé. C'est très important de pressentir cela. Quand le soldat frappe l'ennemi, il n'est pas l'acteur. Seul Dieu peut donner ou enlever la vie. Après, on s'attribue l'acte. Si quelqu'un a le sida, la seule manière de vivre est de se mettre à l'écoute du problème, de faire une recherche. On ne demande pas d'expliquer ou de justifier, ce serait trop superficiel. Vous écoutez.

Mais le sidéen est aux prises avec la culpabilité...

La culpabilité fondra dans votre écoute. Il n'y a personne de responsable. Intimement, la personne verra sa vie d'une manière complètement libre. Que l'on meure à l'âge de soixante-cinq ans ou de vingt-cinq ans, là n'est pas le problème. Qu'une personne meure du sida, du cancer ou de vieillesse, le problème fondamental est à un autre niveau. La mort n'est pas liée à la manière de mourir. Il faut que le sidéen se libère de l'idée qu'il meurt du sida. Son expérience phénoménale prenant fin, il aura accompli son rôle. Voir cela amène à se situer autrement. Le sida n'a jamais tué personne et les bombes non plus. Vous mourez au moment approprié. Il n'y a pas d'accident. Je ne vous demande pas d'accepter cela, car ce n'est pas compréhensible par la raison. Il faut, à un moment donné, laisser libre le mouvement de la vie et de la mort. Cela doit rester une sorte de mystère. Il faut accepter cette magie des choses. Il faut que le sidéen se libère de l'idée d'avoir le sida. « J'ai le sida » est un concept. En faisant face à la sensation plutôt qu'à une idée, il pourra réduire la douleur. Quand vous luttez contre la douleur, vous diminuez votre seuil de résistance. Le sida est une maladie très profonde qui n'est pas liée à la sexualité.

Comment pourrais-je dire à un sidéen qui souffre de s'ouvrir à la douleur ?

Vous n'êtes pas obligé de le dire. Vous vous référez à votre silence, c'est cela qui peut aider. Les choses que l'on dit à un mourant ne comptent pas. C'est uniquement votre paix intérieure qui aidera le mourant. Ce qui compte, c'est le fait que vous ne vous preniez pas pour quelque chose ou pour quelqu'un. Ce que vous dites est purement fonctionnel. Votre pressentiment profond de ne pas être un objet, une perception apaisera la personne qui meurt. La manière de le formuler dépend de votre bagage, de votre intelligence, de votre sensibilité. Quand les gens sont près de la mort, ils ne vous entendent pas plus qu'ils ne sentent votre main. Ce sont des éléments extérieurs. Ce qui compte, quand vous êtes dans la chambre d'un mourant ou dans la vôtre quand vous pensez à lui, parce que c'est la même chose, c'est votre ouverture. Vous vous dépouillez vous-même de votre propre corps, de vos espoirs, de vos prétentions à être un être humain. Vous laissez tous ces concepts mourir. Vous suivez la personne qui quitte ces concepts. Là, vraiment, vous accompagnez, vous aidez. Et là, il n'y a pas de problème. Mais quand vous dites : « Cette personne est atteinte du sida, elle est complètement désespérée ! », votre aide est vraiment limitée. Quand vous rendez visite à un enfant de cinq ans qui va mourir, si, chaque fois, vous êtes traumatisé, il vaut mieux ne pas aller le voir, parce que vous ne pourrez pas l'aider. Seule votre tranquillité peut aider. Quand le chirurgien opère, c'est sa tranquillité qui fait le succès de l'opération. Accompagner quelqu'un qui part n'est possible que si vous êtes capable de partir avec lui.

Dans cette tranquillité, il n'y a pas de jugement et rien pour rendre coupable. C'est la même chose avec une personne vivante. Vous avez la même attitude. Vous avez abdiqué complètement ce que vous prétendez être et vous suivez la personne qui est avec vous. Il faut toujours épouser l'environnement. Il n'est jamais à l'extérieur de vous. Pas plus qu'un autre être humain.

Je sais que le tantrisme n'exclut rien de la vie ou de la mort. Mais pour ramener les propos à ce que nous connaissons du tantrisme, vous dites que cela n'existe pas. Cependant, la pulsion sexuelle existe. Les hommes peuvent-ils se libérer de cette pulsion ?

Il y a deux éléments très différents : le désir psychologique et le désir physiologique. Vous pouvez vous libérer complètement du désir psychologique. Pour la plupart des hommes, la sexualité est uniquement psychologique. Généralement, l'homme ne sent pas son corps et la sexualité lui permet d'affirmer son image. C'est pour cela que la plupart des femmes diront à l'homme qu'il est un très bon amant. Si une femme dit à un homme qu'il est un mauvais amant, il est loin d'être certain que la relation va continuer. Il est très rare que la sexualité masculine soit puissante. Les hommes ont surtout des fantasmes de puissance. Ils préfèrent parler de baseball ou de politique que de se donner à un rapport sexuel. Généralement, un homme a un contact de surface. Il entretient l'idée de donner du plaisir à la femme et souhaite qu'elle en éprouve une sorte de reconnaissance. Mais il est rare qu'un homme soit vraiment lié à la sexualité. La femme a une pulsion sexuelle beaucoup plus importante et beaucoup moins conceptuelle. C'est pour cela qu'un homme peut mener une vie matrimoniale et familiale tout à fait heureuse même s'il a des rapports sexuels insatisfaisants avec sa femme. Pour une femme, c'est totalement différent. Quand elle est libérée du désir psychologique, elle peut conserver le besoin physiologique lié à la sexualité. C'est seulement une très grande sensibilité qui la libérera de ce besoin.

Que conseillez-vous aux femmes, alors ?

La sexualité pour une femme est très importante. Les hommes vont souvent préférer une femme plus décorative à des rapports sexuels harmonieux. Par contre, une femme préférera un très bon amant à un homme très beau mais sans sensibilité sur ce plan-là.

Que pensez-vous des rapports homosexuels ?

Pour les hommes, la sexualité devient souvent très importante. C'est une forme de compensation. Chez les femmes, très souvent, la sexualité diminue, pour faire place à une espèce de connivence avec différents élements psychologiques. Il faut voir si les couples d'hommes ou de femmes ne sont pas en réaction.

Parce que, profondément, il n'y a pas de différence. Aussi longtemps que vous vous prenez pour un homme ou pour une femme, pour un homosexuel ou pour un hétérosexuel, il y a toujours une forme de pesanteur et de conflit. À un moment donné, il faut s'en sentir libre. Vous n'êtes pas quelque chose. Il faut trouver une plasticité, une transparence dans la vie.

Des gens suivent l'approche tantrique des Tibétains. On m'a dit que le tantrisme était né des femmes et que cela s'est complètement perdu au moment de l'agriculture, où le pouvoir des hommes s'est affirmé. Qu'en pensez-vous ?

On a dit que la sexualité de la femme était généralement plus organique que celle de l'homme. Il est donc certain que la femme a un très grand rôle à jouer. C'est la femme qui amène la maturité chez la plupart des hommes. Très souvent en Inde, un maître enseigne l'élément technique à une femme-élève et c'est elle qui le retransmet à l'homme. La femme joue un très grand rôle. Mais, encore une fois, les éléments rituels ont une valeur uniquement dans le sens de la découverte puisque rien n'est jamais affirmé. L'affirmation, c'est la dualité. On peut être dans une pièce obscure et être complètement ouvert à l'espace. Vous ne voyez pas, vous ne concrétisez pas. Les rituels ont un sens quand ils explorent l'inconnu. Un rituel qui se réfère au connu est un rituel manqué. Un rituel, c'est toujours la première fois. On ne répète jamais un rituel, sinon cela devient un événement profane où on a tué le sacré.

Quand vous touchez, quand vous regardez, c'est toujours la première fois. Quand vous caressez un autre être humain de votre souffle, c'est la fraîcheur qui permet au sacré de s'actualiser. Le sacré n'est pas la mémoire. Toutes les démarches rituelles qui se servent de certaines formulations temporelles ont leur valeur dans l'inconnu. Répéter un rituel est une forme de sacrilège. La répétition, c'est le diable. Quand, le matin, vous vous inclinez devant la forme qui vous convient, c'est toujours la première fois. Un pianiste qui joue tous les matins la même œuvre, ce n'est jamais la même œuvre.

La seule différence entre Dieu et le diable, c'est que le diable n'a pas créé le monde ?

Dieu non plus.

On se demandait, une amie et moi, pourquoi les femmes devaient toujours éduquer les hommes. Plus nous prenons de l'âge, plus nous constatons que les hommes n'apprennent pas vite. Ou encore, s'ils apprennent, ils en font rapidement un élément de pouvoir. Ne devrait-il pas y avoir des écoles de conscientisation pour les hommes afin qu'ils deviennent aptes à communiquer au plan énergétique et spirituel ?

Sur le plan phénoménal, c'est la femme qui fait éclore la maturité de l'homme. C'est la mère, la maîtresse, l'amante, la fille, la sœur. C'est dans leur nature. Les femmes ont cette possibilité de remettre profondément en question l'homme. Si elles refusent cette possibilité, il y a un problème. L'homme ne sera alors remis en question que par le succès ou l'échec professionnel ou social, par la santé ou la maladie plutôt que par le regard d'une femme. La femme a une puissance originelle, et, si elle la refuse, elle s'exclut du sens de la vie. Si elle place chez l'homme l'accent sur ce qu'il n'est pas, si elle vit à un niveau conceptuel, dans des rapports qui se mesurent en termes d'infériorité et de supériorité, la maturité se perdra. Une femme profonde ne se situe pas au niveau des concepts. D'ailleurs, elle ne se situe pas. Elle n'est que mouvement, énergie. Profondément, une femme ne doit rien attendre, ne rien demander à un homme. Quand une femme demande ou impose, elle trouve toujours l'insatisfaction.

Quand vous parlez comme cela, vous référez-vous aux femmes qui forment un couple ?

Pas forcément, puisque la femme a de multiples expressions. Votre femme peut avoir disparue et vous n'êtes pas sans femme. Toute la perception est féminine. Ce que vous percevez est une caresse.

Le tantrisme que j'ai appris consistait à voir toujours le neuf chez l'autre, de jour en jour, d'heure en heure. Le tantrisme a toujours été l'expression présente de la sensation.

Quand vous laissez libre la perception, elle se nettoie. Elle devient vivante. Son secret s'exprime. C'est possible uniquement dans une écoute non impliquée.

L'enseignement que j'ai reçu sur le plan de la jouis-
sance, j'ai pu le vivre avec un seul homme et il est
décédé. Il est rare de rencontrer un homme qui puisse
vivre cette intensité.

Le tantrisme ne met pas l'accent sur la densité et la
solidité corporelles, ce qui permet à l'homme de quitter
également ses références à une défense, à un besoin.
La femme est beaucoup plus intuitive que l'homme.
L'homme va apprendre. Je ne veux pas entrer dans
une analyse culturelle ou sociologique, mais la femme
mûrit plus tôt que l'homme.

Le rapport sexuel est une manière de célébrer la
conscience. Regarder les nuages peut amener à la
même tranquillité. Les rapports physiques sont tout à
fait justifiés à certains moments, et à d'autres, cela ne
vous concerne pas. Il faut laisser la vie libre de ces
éléments. Il faut accepter la vie comme elle est et non
pas tenter de créer une manière de vivre qui nous
semble juste. La vie en elle-même est parfaite. Il faut
l'écouter. Si vous vivez avec quelqu'un, il faut l'écouter. Si vous vivez seule, il faut écouter. Vous allez vous
apercevoir qu'être seule, c'est un concept. On ne vit
pas seul. Cela n'a pas de sens. On est complètement
lié à l'environnement.

Ce que l'on appelle kundalini, ou pulsion sexuelle, on le
ressent dans le corps physique ?

La kundalini n'est pas la pulsion sexuelle.

Mais on me l'a enseigné ainsi.

La pulsion sexuelle est très localisée, c'est une fixation. La kundalini est l'énergie fondamentale qui célèbre la conscience, son origine. La conscience jusqu'à un certain point s'est solidifiée, formulée, répandue. Cette énergie réintègre son origine, qu'elle n'a jamais vraiment quittée. C'est une caresse libre de tout but, qui vit dans le silence et qui n'a rien à voir avec la pulsion sexuelle.

J'ai appris hier que le son avait une odeur et que les couleurs avaient un goût. Qu'en pensez-vous ?

C'est vrai. Fondamentalement, il y a énergie. Selon les mouvements des sens, elle se perçoit comme couleur, comme son, comme goût et comme odeur. C'est uniquement la structure de notre cerveau qui nous la fait décoder de telle ou telle façon. Une autre structure, un autre cerveau décode tout à fait autrement. Un animal ne perçoit pas les sons et les couleurs comme nous. Chaque structure décode les vibrations à sa manière. Ce que l'on appelle le monde est uniquement un décodage de vibrations. Une autre structure vit dans un autre monde. Les autres mondes ne sont pas à l'extérieur. Quand vous ne mettez pas l'accent sur le décodage ou le fonctionnement schématique, vous voyez le monde d'une manière complètement différente. La transparence, la plasticité, la sensibilité éteignent les schémas du monde. Les schémas sont surimposés aux vibrations. On met l'accent sur le décodage plutôt que sur la lumière et on se limite ainsi. La perception est toujours conditionnée.

Plusieurs personnes me demandent de leur dire les couleurs que je vois quand elles sont avec moi. Mais cela ne veut rien dire.

Cela veut dire quelque chose.

Pourtant, les références sont différentes pour chacun.

Bien sûr. Vous laissez la perception vivre en vous et vous voyez qu'il n'y a pas de mystère.

Vous avez dit que la pulsion sexuelle des hommes était moins forte que celle des femmes. Pourtant, ce sont les hommes qui commettent les viols et les abus sexuels. N'est-ce pas parce que leurs pulsions sexuelles sont plus impératives ?

Quand vous aimez quelqu'un, les abus auxquels vous faites référence ne sont pas très stimulants.

Ne s'agit-il pas davantage d'une relation de pouvoir, à ce moment-là, que d'une pulsion sexuelle ?

C'est un manque de sensibilité. Avoir besoin de dominer pour éprouver une satisfaction sexuelle est un signe que la structure corporelle manque de sensibilité.

Face aux viols, je me donnais comme explication que cette pulsion plus impérative chez les hommes était peut-être programmée pour la survie de l'espèce. Qu'en pensez-vous ?

Dans un rapport sexuel, l'homme devient femme et la femme, homme. Toutes les expressions sexuelles deviennent très souples. Si vous ne prétendez rien, toutes les possibilités peuvent s'actualiser. L'homme qui viole est très malheureux et il ne voit pas d'autre moyen d'avoir du plaisir. Il manque d'orientation. Une sexualité forte ne peut jamais s'exprimer comme cela. Profondément, ce qui satisfait un homme, c'est de transmettre une satisfaction. Le viol ne répond pas à cela. L'accent est mal placé.

On dit d'ailleurs que les violeurs ne ressentent jamais de satisfaction, que c'est uniquement une question de pouvoir sur l'autre. Est-ce votre avis ?

Dans un organisme déséquilibré, le pouvoir peut être ressenti comme une forme de plaisir.

Peut-on parler de plaisir génital plutôt que sexuel ?

Quand la corporalité est approchée comme un fragment, l'énergie ne peut pas couler. Tant que la sexualité sera séparée des autres expressions de la vie, il y aura toujours un problème, une opacité. Cette opacité n'est pas liée à telle ou telle région du corps. La région du sexe n'est pas plus sensible que le cou ou l'oreille.

C'est uniquement un manque d'orientation qui amène à croire que les rapports sexuels consistent en la rencontre des deux sexes. C'est une sexualité de bazar. Le rapport sexuel est autant dans le regard, dans le geste, dans la sensibilité olfactive que dans le souffle. Le sexe est une fraction parmi tant d'autres et pas la plus importante. Quand vous envahissez votre partenaire par le souffle, c'est plus ébranlant que quand vous l'envahissez avec un sexe. Le sexe est une partie qui est tout à fait justifiée, mais c'est un fragment. Pour la procréation, c'est tout à fait différent. Le rapport sexuel pour procréer attache au monde alors que le rapport pour la joie libère.

Vous amenez le partenaire à se donner à toute la corporalité sensibilisée. Si le partenaire se fixe sur une localisation, vous l'amenez à la sensibilité globale du corps. Quand il y a désir, l'énergie se canalise dans quelques fractions du corps. Le désir empêche la liberté de s'exprimer. C'est uniquement dans une sensibilité développée que l'énergie est multidimentionnelle.

Quand le souffle est libéré, l'énergie fondamentale se libère et la corporalité est alors ouverture. Ce qui libère l'énergie, c'est le souffle, et ce qui libère le souffle, c'est une sensibilité corporelle globale. Tous les rituels du nord de l'Inde, du Cachemire, visent à libérer le souffle, qui canalise l'énergie. Le souffle est l'élément fondamental. Tout est dans le souffle, c'est la clé de la vibration. Quand vous placez votre souffle dans un arbre, vous êtes sensible au rythme de l'arbre. Quand

:

vous le placez dans un autre être humain, vous êtes sensible à cet être. C'est ce que fait un guérisseur. C'est ce que fait un animal : quand il saute sur un autre animal, son souffle précède toujours le corps. L'animal est déjà plaqué au sol avant que le physique de l'autre animal ne le touche. L'animal le fait naturellement. Observez le chat quand il monte sur une chaise pour atteindre ce qu'il cherche, observez le va-et-vient du corps subtil. Tout le rituel ne peut éclore vraiment que lorsqu'il y a cette profonde sensibilité. Tous les instruments rituels, toutes les sonorités, toutes les formes qu'on vénère sont toujours imbibées de souffle. Une statue qui n'est pas habitée par le souffle est une statue morte. Un son qui n'est pas habité par le souffle est un son mort. C'est pourquoi, au musée, vous pouvez voir de très belles statues qui sont mortes ; le souffle n'y vit plus. C'est votre devoir de les réhabiliter, de les réveiller. Vous sentirez la différence même visuellement.

Vous utilisez donc le prānā ?

On n'utilise pas le prānā, mais une sensibilité en éveil devient sensibilité aux modalités des énergies subtiles.

Qu'est-ce que le maître ?

Le maître, c'est la vie. Toutes les circonstances que vous rencontrez, dans la mesure où vous vous mettez totalement à leur disposition, peuvent s'épanouir. Si on pense, si on juge, si on réagit, on reste à la surface des choses ; alors, il n'y a pas de guide.

Le maître, ce serait l'écoute ?

Totalement !

Vous faisiez cependant allusion au fait qu'au début il est bon d'avoir une rencontre avec un être et qu'ensuite cela se fait par l'écoute.

Cela, c'est au niveau anecdotique.

Est-ce que l'écoute ne vient pas quand même d'un porte-parole d'une grande tradition ?

Les émotions ne sont pas fixées à l'intérieur du corps. Elles sont totalement étalées dans l'environnement. Il est normal que les chasseurs aient plus de facilité à rencontrer d'autres chasseurs. C'est normal que des gens qui aiment l'alcool rencontrent d'autres gens qui aiment l'alcool. Cela se fait spontanément. De la même manière, quand une interrogation se fait en vous, spontanément votre écoute vous amènera à rencontrer éventuellement des gens qui sont dans la même direction. C'est totalement organique.

Il n'y a pas, selon vous, de distinction entre l'enseignant et l'enseigné ?

Il n'y a pas d'enseignant. Momentanément, quelqu'un se prend pour un enseigné. Momentanément, quelqu'un se prend pour un disciple ou un élève. C'est une mauvaise manière de voir. Très vite, on verra que c'est encore une forme de sécurisation que de vouloir être enseigné, que de vouloir appartenir à une tradition. C'est une fixation. Vous pouvez très bien être touché par l'écho de certaines traditions, laisser cet écho vivre en vous. Si vous vivez en Orient, vous avez certaines formes qui sont plus ou moins respectées, qui ont leurs valeurs dans leur contexte. Il ne faut pas vouloir créer une forme. La tradition surgit naturellement quand vous ne demandez rien. Chercher une tradition, un maître ou un enseignement, c'est une démarche complètement superficielle. Vous rencontrez uniquement vos espoirs, vos projections. Quand vous avez la conviction profonde qu'il n'y a rien à demander, rien à recevoir, cette maturation amène une rencontre. Mais ce n'est pas une rencontre de personne à personne.

C'est un enseignement ?

C'est l'écoute qui s'actualise, se concrétise. Une vraie tradition ne laisse pas de trace. Il n'y a pas de décoration. Vous n'avez pas besoin de mettre la photo de quelqu'un sur votre bureau. Vous n'avez pas besoin de dire que vous appartenez à telle ou telle tradition. Les enfants ont besoin d'appartenir à un club de tennis ou de hockey, et plus tard à un parti politique. Cela se comprend très bien. Mais quand vous vous posez profondément la question : « Qui suis-je ? », il n'y a pas d'équipe, pas de club et pas de forme. Je ne dis pas que les formes sont inappropriées, puisqu'il y a de très belles formes, mais elles s'inscrivent avant tout dans le sentiment d'unité. Si la vie vous amène à rencontrer telle ou telle élaboration, il n'y a pas de problème. Si vous êtes plus sensible à Ibn' Arabi qu'à Maître Eckhart, à Houang-po qu'à Shankarāchārya, c'est très bien. Une certaine coloration est possible après avoir ressenti que toutes les formes sont à la surface.

Cela se passe dans le silence ?

La source se réfère au silence. Quand une forme se réfère au silence, elle est très discrète. Quand une forme surgit de la pensée, elle est très décorative. On le voit tout de suite dans l'art. Quand une œuvre d'art a été élaborée à partir de la pensée, elle est très anecdotique et veut dire quelque chose. Quand elle vient du silence, elle ne veut rien dire ; elle est au-delà de toute conceptualisation. Elle ne met pas l'accent sur le sujet. Le sujet est purement anecdotique.

Aux XVe et XVIe siècles en Espagne et en Italie, de nombreux peintres ont représenté la Madone. C'est la forme qu'ils ont employée mais l'essence est autre. Certains de ces tableaux amènent le silence tandis que d'autres vous amènent au sujet. Une forme surgie du silence libère de la forme. Il n'est plus question d'architecture, de poésie, de musique, de sculpture. Un poème qui sort du silence, quand vous le laissez vivre en vous, s'oublie. Donc, une tradition issue du silence est très discrète.

La très belle musique est aussi exprimée par le silence ?

Bien sûr ! Elle ne vient pas de la pensée, de la réflexion. Certaines musiques vous laissent dans un élément culturel, dans une émotion, d'autres vous ramènent à vous-même. Celles qui vous laissent dans l'émotion peuvent être merveilleuses mais il ne s'agit pas de musique traditionnelle. La musique traditionnelle est au-delà des émotions. Elle conduit jusqu'au tréfonds des émotions. On peut dire de certaines traditions et de certaines époques qu'elles ont gardé l'accent sur ce silence tandis que d'autres ont petit à petit mis l'accent sur les formes. Le foisonnement des formes dans les églises gothiques, à une certaine époque, est extraordinaire. Mais on sent toute cette fuite vers le concept de Dieu. Quand vous entrez dans une cathédrale romane, vous êtes totalement centré dans votre tranquillité.

Pouvez-vous parler davantage de ce qui a trait à la kundalini, aux différents centres énergétiques, à la visualition et aux différentes techniques de respiration qui peuvent accompagner les rituels tantriques ?

Quand vous passez de l'état de veille à l'état de rêve et de sommeil profond, la kundalini change de rythme. C'est la nature même de notre structure. La kundalini n'est pas comme cet objet de foire sur lequel vous frappez avec une masse afin qu'il s'élève le plus haut possible. La kundalini est complètement liée à votre souffle, à vos pensées et à vos émotions, ainsi qu'à toutes vos activités. La plus haute pensée est l'étonnement. Quand vous êtes étonné, sans référence, vous avez accès à l'énergie la plus haute. Vous êtes alors dans le non-savoir. Quand vous vous référez au savoir ou à quelque chose à acquérir, vous avez uniquement accès aux choses inférieures.

Cela a-t-il un sens de parler de l'éveil de la kundalini ?

Chez la plupart des êtres humains, l'énergie est latérale ou descendante : elle circule dans le corps dans des canaux latéraux. Quand vous quittez les schémas de pensée et de référence, quand vous ne pouvez pas vous référer au connu, comme dans ces grands moments d'étonnement, l'énergie quitte les canaux périphériques et emprunte le canal central. Cet éblouissement de la situation sans référence amène l'énergie à frapper la région cérébrale instantanément. Cette montée d'énergie peut se présenter dans la voie directe mais on ne met pas l'accent sur elle. Pour qu'il y ait une montée progressive des énergies, il faut qu'il y ait une certaine forme de purification, d'apaisement. Dans une montée spontanée, la question ne se pose pas. Le matin, quand vous vous livrez au prānāyāma, vous avez ces montées progressives de l'énergie qui participent de certains rituels. Cependant, la montée de l'énergie n'a rien à voir avec la compréhension, qui est complètement indépendante. Le prānāyāma libère l'énergie, qui peut se redéployer de manière ascendante. La résorption des éléments manifestés se fait du plus grossier au plus subtil d'une manière ascendante. La pose classique, où les jambes sont croisées, amène l'énergie à se redistribuer depuis la terre pour percuter les différentes structures du corps. Cette percussion des récepteurs du corps ne vous amène pas à la compréhension. Elle vous amène à voir plus clairement ce que vous n'êtes pas. Quand vous avez vu clairement ce que vous n'êtes pas, il y a aperception ou pressentiment non objectif, pressentiment de ce que vous êtes. L'éveil de la kundalini peut uniquement vous faire voir ce que vous n'êtes pas. On ne met pas l'accent sur la kundalini. Tôt ou tard, cette énergie percutera le cerveau pour se résorber dans le cœur. Sinon, c'est un état, un état très sattvique mais quand même un état.

L'état sattvique ?

Oui. L'état sattvique, qui est un état de très grande pureté, peut amener à regarder sa vie complètement sans référence, sans vouloir y changer quoi que ce soit. C'est une purification. C'est seulement quand il y a eu cette écoute profonde que les jeux de l'énergie peuvent se révéler. Du point de vue de l'identification au corps, on ne peut jamais vraiment comprendre comment s'actualise l'énergie. C'est toujours une forme de mystère. La démarche tantrique commence après la compréhension. Ce n'est qu'à ce moment-là, alors que vous avez les mains complètement libres, que vous pouvez découvrir toutes les modalités phénoménales. Penser que tel ou tel exercice peut vous amener à la compréhension est un manque de vision qui ne peut susciter la sensibilité nécessaire pour que le rituel puisse complètement s'accomplir. Une démarche tantrique au sens classique et ses expressions rituelles commencent après que l'on ait profondément senti ce que l'on n'est pas. Les rituels ne sont pas un moyen mais une manière d'exprimer la compréhension. Alors là, c'est infini. Le yoga commence après ce pressentiment mais ce n'est pas un moyen.

Dans les textes sacrés, on associe souvent la kundalini au serpent lové au bas de la colonne. On trouve également la symbolique du serpent dans la tradition chrétienne.

C'est plus concret en Inde, où le serpent symbolise l'énergie. Quand la pensée se réfère à un objet, on dit en Orient que le serpent est lové et que l'espace est courbe également. Quand la pensée se libère de son passé, elle devient verticale. Ce qui courbe la kundalini correspond à une vision encombrée. Ensuite, cette montée que vous ressentez comme une colonne complètement érigée se réfère à la verticalité. L'espace courbe quitte sa spatialité et devient l'instant. Avant cette montée, vous ressentez comme une très légère oscillation. Dans votre expiration, il y a abdication de tout futur de celui qui expire. Vous êtes dans un repos total. Une étincelle en jaillit et le souffle est aspiré par elle. Cette montée est ressentie comme la suprême verticalité. C'est le sens profond du lingam, qui est cette érection profonde de l'énergie qui retrouve sa source. Il est inutile d'entrer dans l'explication culturelle.

C'est de la géométrie, finalement ?

On peut le formuler sous forme géométrique, bien sûr.

Que pensez-vous que nous soyons prêts à entendre ?

Il n'y a rien à dire, rien à entendre. Quand vous cessez de mettre l'accent sur ce qui est dit, vous abandonnez l'idée de vouloir entendre, de vouloir comprendre. Ce qui est dit va s'éliminer. Quand vous oubliez ce qui est dit, ce qui est entendu, il ne reste que l'essentiel, ce que l'on a en commun.

Si je comprends bien, même le livre joue son rôle quand il s'est complètement dissipé dans le silence de la personne ?

Si c'est un livre authentique, oui ! Quand vous lisez le *Sûtra du Cœur* ou les *Upanishads*, le livre s'élimine. Ce qui n'empêche pas, si vous êtes un pandit, de vous référer à certaines informations. Vous pouvez bien dire que Houang-po a vécu à telle ou telle époque, qu'il est de la lignée du Ch'an, citer certaines colorations du Cachemire mais ce sont des éléments anecdotiques qui ont leur valeur uniquement sur le plan historique. Le silence vécu lors de la lecture d'un texte ou de la contemplation d'une œuvre d'art n'est pas concerné par ces éléments fragmentaires.

Pourquoi oublie-t-on ? Pourquoi, après un entretien avec vous, quand je retourne dans le monde, le calme se perd-il ?

C'est l'habitude. Tant de mécanismes de préhension et d'affirmation sont ancrés en nous. Quand vous entendez un très beau concert, vous vous sentez complètement libre de vous-même et vous accueillez la vie. Pourtant, quelques jours après, du fait que le corps est un schéma, la préhension des mains, des mâchoires, des pieds, la tension du souffle vont à nouveau se présenter. C'est pourquoi il est important de devenir conscient de ces éléments qui réapparaissent en vous, quand à nouveau vous êtes préhensif ou que vous refusez. C'est par la prise de conscience que vous vous situez comme un fragment, comme une personne qui va vous instruire. Vous ne pouvez pas savoir quand vous êtes ouvert. Quand vous vous mettez vraiment à la disposition d'une situation, il n'y a pas d'émotion négative. Vous pouvez être affecté corporellement par quelque chose. Si vous recevez un coup de bâton de baseball sur la tête, votre crâne est choqué, mais le négatif n'a pas sa place. Quand vous êtes ouvert, il n'y a ni négatif ni positif.

Vous dites qu'il n'y a pas de Dieu. Les gens le nomment différemment dans des traditions et des cultures différentes. Mais vous, comment le nommez-vous ?

Je n'ai pas dit qu'il n'y avait pas de Dieu.

Vous n'avez pas nié, dans un entretien antérieur, l'existence des dieux comme en Orient. Cependant, vous avez nié la transcendance.

S'il y a créature, il y a Dieu. S'il y a ego, il y a Dieu. Mais si vous vous référez à ce qu'il y a derrière l'image, il n'y a personne et pas de Dieu non plus. Que Dieu soit et la créature est ! C'est une création dans l'instant. Le véritable Dieu est au-delà du Dieu de la création. Ce n'est pas un concept ! Le Dieu en tant que Dieu de la créature apparaît et disparaît en même temps que la créature, c'est une prolongation de l'ego. C'est pour cela qu'il ressemble beaucoup à l'humain dans l'iconographie. Dieu, le monde et sa création sont une seule chose : une pensée. Dans l'inconnu, il n'y a ni Dieu ni créature. Le silence n'est pas lié à la création et aucun concept ne peut s'y appliquer. C'est pour cela qu'en Orient on favorise toujours l'absence.

Ce que j'aime dans ce que j'entends, c'est qu'on peut le vivre ici et maintenant. Dans les groupes auxquels j'ai appartenu, on devait se rendre en Inde, en Chine, au Tibet et même au Maroc. C'était ailleurs, à l'extérieur, qu'il fallait aller chercher cette paix que vous interprétez.

Si vous avez l'occasion d'aller au Tibet ou ailleurs, ce sera merveilleux. Mais n'y allez pas pour chercher ce que vous êtes déjà dans votre écoute.

Les dieux seraient-ils une projection humaine ?

Le Dieu créateur est une projection de la créature, mais les dieux dont on parlait tout à l'heure, non. Ils sont des souffles de la conscience, des réalités au niveau du souffle. Mais le souffle est fonction de l'arrière-plan, fonction de cette toile de fond d'où il jaillit et où il se résorbe. Donc, les dieux sont dépendants de cette toile de fond. C'est pour cela qu'ils ne sont pas immortels.

Le souffle dans la tradition chrétienne, en latin ou en grec, s'appelle l'Esprit.

Oui. C'est la première expression de la conscience. Finalement, c'est la seule. Tout ce que l'on appelle objet est une concrétisation, une solidification des souffles.

Respirer, inspirer, expirer, aspirer, ce sont tous des mêmes mots issus de spiritus ?

Oui. Les temps respiratoires sont une porte de la conscience, quand ils sont approchés justement, sans manipulation. Mais ce qui compte vraiment, c'est le moment après l'expiration. C'est cela, la porte sur le divin.

Jésus disait qu'on ne savait d'où venait l'Esprit ni où il allait...

Le souffle jaillit de la conscience et se résorbe en elle. C'est uniquement quand cette toile de fond est ressentie que l'inspiration, la rétention et l'expiration peuvent se déployer justement. C'est quand le non manifesté est pressenti que la manifestation trouve sa juste place. On ne peut pas expliquer le monde du point de vue du monde. L'homme et la vie ont un sens du point de vue de ce qu'il y a derrière. On ne peut pas expliquer la vie du point de vue de son expression. Pour le souffle, c'est la même chose. Quand vous avez, une fois, ressenti ces moments sans souffle – être libre de l'inspiration et de l'expiration –, ensuite, quand l'inspiration va réapparaître, tout est complètement différent. C'est un souffle sacré. C'est l'inspiration qui brûle toute votre structure, la rétention qui va étaler votre structure dans tous ses développements les plus immenses, et l'expiration qui va ensuite résorber cet étalement dans une totale humilité, dans ce rien. Ces quatre temps s'actualisent vraiment quand il y a ce pressentiment de la toile de fond. Généralement, on l'éprouve entre deux états. Pas seulement dans l'état de veille. Souvent, entre l'état de rêve et l'état de veille, on a cette compréhension du souffle. On ne peut pas la fabriquer. Il faut, un jour, la ressentir sans besoin d'inspirer. C'est très important. C'est ce non-besoin d'inspirer qui amène vraiment le centre de l'autonomie.

Aussi longtemps qu'on a besoin d'inspirer, on reste toujours dans une relation de sujet à objet. Dans un moment de très grand choc, vous vous retrouvez parfois sans besoin d'inspirer. C'est la première expérience qui oriente la vie. Dans la respiration, il y a toujours dualité. L'inspiration est une forme d'orgueil, une forme de sécurisation. Dans le vide profond, il n'y a que l'expiration, que ce repos. L'inspiration, c'est un accident. Si vous ne la demandez pas, c'est l'influx de Dieu qui jaillit. Il n'y a rien de personnel. L'inspiration personnelle, c'est la peur. On peut détecter ces éléments dans le souffle, sans conclure. L'étude du souffle est l'art suprême qui vous donne les clés pour comprendre la création dans toutes ses expressions, les dieux, etc. Il faut écouter. En Inde, un gourou vous demande très souvent d'expirer. Il écoute dans votre expiration, tout votre potentiel, votre capacité de comprendre ou non, et il accepte ou non de vous prendre comme élève. C'est une écriture. Dans un graphisme ou une signature, on voit très bien si quelqu'un vit dans le passé ou le futur. Le souffle, c'est la même chose. Quand vous êtes disponible ou en constante référence avec vous-même, tout cela est inscrit dans le souffle.

Le souffle serait-il le chien de garde de notre vraie nature, entre le mental et l'ego ?

Si vous êtes à l'écoute du souffle, vous voyez très bien quand vous fixez les choses. Vous voyez très bien quand l'inspiration fixe les choses en vous. Vous sentez la peur dans l'expiration. Il n'y a jamais une totale expiration. Immédiatement on surimpose : repos, inspiration, expiration. En Orient, la sensibilité au souffle joue un très grand rôle dans une démarche spirituelle. Quand vous travaillez le yoga, c'est en écoutant votre expiration ou celle de votre élève que vous discernez toutes les potentialités.

A-t-on peur de l'expiration parce qu'elle est liée à la mort ?

Oui, bien sûr. L'expiration nous ramène toujours à la disparition de la personne, à l'arrière-plan. L'inspiration n'est pas anticipée.

J'ai le sentiment que notre corps est programmé pour inspirer, mais vous suggérez de laisser l'inspiration arriver ?

C'est l'expiration qui libère. L'inspiration est un cadeau. On ne peut pas demander un cadeau. On dit en Inde que vous êtes né avec un certain nombre d'inspirations. À la dernière, c'est la mort. C'est pour cela que le yogi dans les cavernes prend de très longues inspirations et expirations, pour augmenter le temps de vie afin de comprendre.

Y a t-il une différence entre le yogi et le sage ?

Oui. Le sage met l'accent sur ce qu'il est vraiment. Le yogi le met sur ce qu'il n'est pas, son corps, son mental. Un yogi, c'est un corps et un psychisme, et il se réfère à une expression corporelle et mentale. Un sage, en Inde, un *jivan-mukta,* se réfère à la liberté de l'être. Il ne met pas l'accent sur l'aspect corporel ou mental. Un sage peut s'exprimer comme un yogi. Il peut avoir un corps et un psychisme complèment épurés. C'est une question de karma. Un sage peut aussi avoir un karma de légionnaire. C'est purement exté-

rieur. Être un yogi ou un légionnaire est une question
de courant et n'affecte aucunement la nature profonde.

Le mot « sagesse » en Occident vient du mot latin
sapere, *qui veut dire « goûter ». Qu'en pensez-vous ?*

Le yogi goûte, le sage n'a rien à goûter. C'est toute
la différence. Le yogi, quand il est mal orienté, cherche
la vérité dans le domaine manifesté. Il pense qu'il peut
expérimenter la vérité. Il tente d'amener son corps et
son psychisme à une très grande plasticité afin d'atteindre l'ouverture nécessaire. C'est une attitude complètement démocratique : penser que le moins puisse
atteindre le plus. L'homme ne peut pas aller vers Dieu.
C'est Dieu qui éclaire l'homme. Le sage a abdiqué
toute prétention à rejoindre, à voir Dieu. Il se trouve
dans l'humilité naturelle. Il ne veut rien, il ne sait rien.
Il est complète ouverture. Dans cette ouverture, l'idée
de lui-même et l'idée de Dieu s'éliminent. Comme le
disait Maître Eckhart, il n'y a même plus de place pour
que Dieu agisse en lui.

Ramdas a répété sans cesse le nom de Dieu, soit Rām,
et il est arrivé à l'éveil. Qu'avez-vous à dire sur le japa
yoga ?

Ramdas était un être remarquable. Ce n'est pas la
répétition de « *Jay Rām, Jay Rām* » qui l'a rendu remarquable. Un perroquet peut répéter « *Jay Rām, Jay*
Rām » toute la journée et il restera un perroquet.

N'est-ce pas sa conscience d'amour qui a joué ?

Ramdas était ouvert à Rãm, qui est la conscience. Rãm a joué à travers lui pour lui faire exprimer cela. En Inde, quand vous rencontrez quelqu'un, vous ne dites pas: « Bonjour », mais : « *Jay Rãm* » ou « *Hari Om* ». Vous saluez la conscience. Ramdas a actualisé cela. C'est un courant mais ce n'est pas une *sãdhanã*. La *sãdhanã* est une expression de la compréhension, ce n'est pas un moyen. C'est parce que Ramdas était libre de lui-même que le jeu de Dieu l'a amené à vivre comme un *sadhu*.

Le fait de vivre comme un *sadhu* n'a rien changé chez lui. De même, c'est le jeu de Dieu qui a amené Rãmakrishna à célébrer la Mère divine, mais ce n'est pas la célébration de la Mère divine qui a amené la compréhension chez lui. Il est très clair que la *sãdhanã* est une expression de la conscience et non un moyen. C'est quand la conscience se découvre dans un être que la personne entreprend une *sãdhanã*. Le début d'une *sãdhanã* vient du jaillissement de la conscience, mais la *sãdhanã* n'amène pas la conscience. La recherche est l'expression de la réponse.

C'est parce que vous avez le pressentiment profond du divin que vous cherchez le divin. Le fait de chercher le divin prouve que vous connaissez le divin, sinon vous ne le chercheriez pas.

Il y a pourtant plusieurs genres d'écoles et de gourous qui enseignent la répétition d'un mantra ; qu'en pensez-vous alors ?

C'est une expression. Mais ce n'est pas de répéter « *Hari Om* » tous les matins qui va changer quoi que ce soit. Je ne dis pas que cela n'a pas d'effet. Bien sûr que cela a un effet. Mais être ce que vous êtes n'est pas le résultat d'un effet. Qu'il soit clair que toutes les prétendues méthodes ne sont que des expressions. Que vous vous mettiez sur la tête et que vous répétiez « *Jay Rãm* » ou encore que vous deveniez un soldat de la légion étrangère, ce sont des expressions de votre pressentiment profond. Il n'y a aucune expression qui soit plus haute qu'une autre. Elles ont toutes la même valeur. C'est pour cela que, dans l'Inde traditionnelle, les castes sont d'une totale égalité. La vie a besoin de tous les corps de métier. Chaque personne reste à sa place. L'homme, la femme, le prince, l'esclave expriment l'unité fondamentale. C'est uniquement pour le jeu des modalités de la vie que l'un tient le rôle du prince ou celui d'un clochard. Il n'y a pas de différence. La *sãdhanã* n'est pas un moyen mais l'expression du pressentiment de la vérité.

Que fait alors ce yogi devenu célèbre en Inde parce qu'il garde un bras en l'air depuis sept ans ? Il a les ongles très longs.

Il fait comme tout le monde. Il ne fait rien. Peut-être a-t-il la malchance de croire qu'il fait quelque chose.

S'il a cette malchance, il le regrettera un jour. Un ami a vécu de nombreuses années avec des *sadhu* en Inde et a interviewé certains de ces hommes qui se sont tenus sur une jambe pendant des années ou qui ont exercé d'autres formes d'ascèses ; tous ont dit que rien ne s'était passé intérieurement. Ils ont avoué l'avoir regretté. Ils n'avaient pas à le regretter ; c'est uniquement un manque d'orientation qui les a fait exprimer de façon si décorative leur recherche du divin, mais ils n'avaient pas le choix, à ce moment-là. C'est un courant en Inde. C'est comme un soldat qui offre son corps au combat ; d'autres lèvent un bras ou une jambe.

Quelle différence faites-vous entre l'éveil soudain et l'éveil progressif ?

C'est une mauvaise formulation. L'éveil progressif est un concept. Être ce que vous êtes n'est pas le résultat d'une démarche ascendante. Par contre, l'actualisation de ce pressentiment est progressif. Vous pouvez très bien vous réveiller un matin avec cette conviction profonde de ne jamais être né, et, deux mois plus tard, être encore habité par la colère, le désir et l'anxiété. Pour que votre structure psychocorporelle puisse fleurir dans le non-temps, il faut du temps. Il faut des années et peut-être que cela n'arrête jamais. Tant que vous aurez un corps, il peut y avoir des relents de votre personne. La préhensivité est si marquée qu'il est à se demander si on peut déconditionner totalement un corps. Mais à partir du moment où vous avez eu ce pressentiment profond que vous n'êtes pas une perception ou un objet, je dirais que les traits égotiques de votre corps et de votre psychisme ne sont plus un problème. Lorsque vous vous situerez comme une personne, vous allez vous en apercevoir et vous n'aurez même pas tendance à vouloir changer. Ce ne sera plus un problème et, petit à petit, selon la nature même, cela va se résorber. Mais pour être ce que vous êtes, aucune progression n'a de sens. Ce qui est au-delà de l'espace-temps ne peut se situer dans une progression.

Je viens de lire un livre sur Saï Baba et j'ai vu quelqu'un faire allonger une jambe de dix centimètres. Qu'en pensez-vous ?

C'est la beauté de la vie. C'est merveilleux de faire apparaître des cendres d'un petit lingam ou de faire apparaître des fraises. Quand vous rentrez chez vous avec cette fraise que vous avez acceptée librement, cela vous montre que la vie est imprévisible. Mais si, dans votre ouverture, vous mettez l'accent sur la fraise, dans ce cas-là, quand un drame arrive dans votre vie, vous êtes un pauvre homme. Les phénomènes n'ont aucune importance. L'existence n'est que magie. Si vous êtes suffisamment sensible, vous êtes dans cet émerveillement constant face à la vie. Il y a cependant des choses plus magiques que celle de créer des fraises. Quand vous regardez un enfant, vous communiez avec

cet élément magique. Quand vous sentez profondément ce qu'est le printemps, l'hiver et le passage des
saisons, c'est magique. Quand vous observez les phases de la lune, c'est la même chose. Si vous laissez
vivre en vous ce qu'évoquent la mort et la naissance vous serez dans ce même ravissement. Les fraises aussi.

*Comment doit-on se situer par rapport à la vie de la
nation ?*

Que votre pays ait un passeport rouge ou bleu, c'est
purement fonctionnel. Ce qui ne veut pas dire de ne
pas faire votre devoir envers la société. Si la situation
s'impose, faites ce que vous devez faire, sans élément
psychologique, vous fonctionnez organiquement. Selon votre compétence, vous participez à la vie de la
nation. Il n'y a pas de critique ou de jugement dans
cela. Vous ne vous prenez pas pour un Français, un
Canadien ou un Américain. Il n'y a pas d'histoire. Il n'y
que l'histoire de l'ego. Appartenir à l'histoire, c'est la
forme la plus profonde de l'ego. S'imaginer avoir un
passé et avoir un futur, c'est l'histoire de l'ego.

*Est-ce important de connaître quelqu'un qui a une
claire vision, qui a réussi à être présent au présent ?
Est-ce indispensable d'avoir un modèle ?*

Il n'y a pas d'exemple, pas de modèle. L'exemple,
le modèle, c'est vous-même quand vous regardez un
nuage sans référence. C'est cela, l'exemple. Vous

n'avez pas de référence ; c'est cela qui est important. C'est uniquement par manque d'habitude que vous mettez l'accent sur une fraction. Et même quand vous mettez l'accent sur une fraction, c'est le même espace. Il n'y a pas de différence.

Il n'y a plus rien à dire. Vous entendre est facile. Une reconnaissance se fait en nous. Pourquoi ne l'a t-on pas entendu avant ? Pourquoi, quand je sortirai d'ici, confrontée au monde, je ne pourrai rien dire parce que je serais incomprise ?

Pourquoi voulez-vous projeter ?

Je ne veux pas projeter, mais je sais que les gens me feront part du miracle dernier cri en médecine douce ou en spiritualité. J'aurai envie de dire : arrête, tu n'as besoin de rien.

La vie vous donne l'occasion de vous exprimer. Tout est merveilleux. Il n'y a pas à choisir de faire ou de ne pas faire une technique. Toutes les occasions sont favorables. Il n'y a rien à changer.

Des statistiques démontrent que ce sont surtout les femmes qui se plaignent en thérapie. Les hommes ne se plaignent pas, eux, ou beaucoup moins. Pourquoi en est-il ainsi ?

Les hommes se plaignent autant mais d'une autre manière. Quand un homme va boire dans un bar le

soir, quand il va passer le week-end devant une équipe
de sport, c'est une forme de plainte également. Il ne le
formule pas de la même manière que les femmes. Si
vous observez les épaules d'un homme, la tension
dans sa nuque, vous voyez très bien la souffrance mas-
quée. À un moment donné, il faudrait que les hommes
et les femmes arrêtent de demander à l'autre ce qu'ils
ou ce qu'elles ne peuvent pas donner. Une femme ne
peut donner le bonheur à un homme, pas plus qu'un
homme ne peut le donner à une femme. Il peut, s'il a
l'écoute nécessaire, permettre à l'autre de s'exprimer
afin que la maturité de l'autre puisse se concrétiser.
Mais dans les relations humaines, il n'y a rien à demander. Vous ne pouvez ni demander ni recevoir. C'est
une forme de compensation. La véritable relation part
du plein. Vous sentez votre autonomie. Vous pressentez le silence et vous vivez ce pressentiment du silence
avec un autre. À ce moment-là, le problème de couple
se présente tout autrement. Cependant, si vous épou-
sez quelqu'un en pensant que cette personne comblera
totalement vos besoins, vous allez tôt ou tard vous
plaindre. C'est une mauvaise orientation. Un bon thérapeute vous amènera à réaliser qu'il n'y a rien à demander dans la vie. Tout vous est donné. Mais on
refuse constamment.

C'est votre demande qui crée le refus. Quand on
demande, on ne peut pas recevoir. Les relations com-
pulsives entre les hommes et les femmes sont des activités comme les autres, mais, éventuellement, cela ne
nous concerne plus tellement.

Pourquoi les gens proches de nous sont-ils moins à l'écoute de nous que les autres ?

Parce que nous enfermons les gens proches de nous dans des schémas. On ne les laisse pas libres. Si un Pygmée vient nous voir, on l'écoute parce qu'on n'a pas de référence. Si c'est votre belle-mère, vous êtes moins à l'écoute parce que vous avez trop d'idées, de références sur elle.

Dans la tradition shivaïte du Cachemire, on parle de dualité et de non-dualité. Voulez-vous expliquer ?

La dualité, c'est la non-dualité. Ce n'est pas un concept. La non-dualité, c'est ce qui est derrière l'existence. Donc, le problème de la dualité ne se pose pas.

Parlez-nous de la transcendance et de l'immanence.

Il n'y a pas de transcendance ni d'immanence !

Alors, dites-nous ce qu'est conceptuellement la dualité. Pourquoi utilise-t-on ce mot si cela n'existe pas ?

En Inde, on utilise rarement le mot « dualité ». On parle de non-dualité dans les *Upanishads*. C'est la peur qui crée le monde. Si vous vous orientez vers l'essence des choses, c'est l'ultime négation ; le monde disparaît. Après, le monde n'est plus le monde.

*Vous avez dit qu'il n'y avait ni transcendance ni imma-
nence. Pourtant, hier, vous avez parlé des dieux. Où
sont-ils ?*

Ils sont entre les états de veille, de rêve et de sommeil profond.

Dans les états intermédiaires ?

Ce sont des états plus sattviques, toute la statuaire
orientale n'est pas une invention, n'est pas arbitraire.
Elle reflète des rencontres affectives.

*Ce n'est pas l'imagination ou la représentation de quel-
que chose ?*

Non. Ce n'est pas la conceptualisation de quelque
chose. Le souffle est en contact avec ces états. Si vous
avez deux jambes, deux bras et une tête, si vous
existez, les dieux existent. Je dirais qu'ils existent plus
que vous. Et les anges aussi. Mais si vous ne prétendez rien, si vous éprouvez cette aperception d'être
absolument rien, dans ce même mouvement les dieux
et les anges n'existent pas non plus. Mais tant que
vous existez au niveau phénoménal, quand vous prétendez être un être humain, alors les anges sont, en
réalité, supérieurs à vous, et les dieux, supérieurs aux
anges.

Dans l'autonomie, il n'y ni ange, ni Dieu, ni être
humain. Mais sur le plan relatif, tout cela existe.

Dans le Livre des Morts, *il est dit que, aussi longtemps que vous avez des attaches, vous projetez des êtres que vous voyez, mais que si vous dépassez cette étape, il n'y a rien d'autre que la Conscience.*

Les dieux sont un souffle de la Conscience. Un souffle plus majestueux que le corps humain. Mais l'être humain, le corps humain a cette porte que n'ont pas les dieux ni les anges.

Si, à l'état sattvique, il y a des dieux, à l'état tamasique, à ce moment-là...

La prise de conscience des éléments subtils sur le plan phénoménal est sattvique mais Shiva est le dieu tamasique.

Shiva est un dieu tamasique ?

L'élément tamasique, c'est la nuit. C'est l'élément qui libère. Vishnu est le Dieu sattvique, celui de la manifestation, de la civilisation et de la signification. Shiva, Dieu de la destruction, est ce qui libère. Alors, je dirais que les éléments sattviques et rajasiques sont traversés.

Et Brahmā ?

C'est la création. Chez les êtres humains, l'élément le plus élevé est l'état sattvique, tandis que chez les dieux c'est l'état tamasique. Pour l'être humain, la couleur ultime, c'est le blanc ; pour les dieux, c'est le noir.

Les dieux sont-ils en interaction constante ?

Comme les êtres humains.

La respiration et ses trois rythmes, inspiration, rétention et expiration, font-ils le lien avec ce que vous avez dit précédemment ?

Bien sûr, l'inspiration c'est Brahmā, la rétention c'est Vishnu, l'expiration c'est Shiva, le vide après l'expiration c'est la pure conscience Parabrahman. Mais c'est surtout l'arrière-plan de tout cela qui importe. Quand la respiration n'est pas manipulée, que vous vous donnez à ce repos après l'expiration sans anticiper l'inspiration, vous êtes dans ce qu'il y a derrière les dieux. Ce que l'on appelle au Cachemire *Bhairava*, c'est-à-dire « ce qui est au-delà de la trinité », c'est la Conscience.

Y a-t-il un lien avec la trinité chrétienne, c'est-à-dire le Père, le Fils et le Saint-Esprit ? N'est-ce pas une erreur chrétienne romaine d'avoir fait de cette famille absolue trois mâles ? L'Esprit n'est-il pas plutôt féminin, comme le soutient l'Orient chrétien ?

Vishnu est un dieu féminin. L'homme, c'est Shiva. La tradition shivaïte met généralement davantage l'accent sur l'élément métaphysique pur. La tradition vishnuïte met le plus souvent l'accent sur l'élément dévotionnel, rituel. Il y a, bien sûr, de nombreuses exceptions.

Et Krishna ?

C'est l'actualisation de Vishnu dans l'espace-temps. Pas de Vishnu en tant que dieu fractionnaire, mais en tant que totalité. C'est-à-dire que Krishna représente la totalité de la conscience.

Shiva est aussi l'ami social de Shakti ?

Non. C'est la Shakti qui est le reflet de Shiva.

Que voulez-vous dire ? Est-ce une manière de toujours donner la priorité à l'élément féminin ?

Shiva, c'est la conscience. La Shakti, c'est l'expression de la conscience. C'est ce qui vient de la conscience et s'y résorbe. Donc, la manifestation est une expression du non manifesté. La dualité, c'est la non-dualité.

Vous avez parlé du relatif. Qu'entendez-vous par là ?

Ce qui exprime le non relatif.

En d'autres mots, on pourrait dire le conditionné et l'inconditionné ?

Il ne faut pas s'arrêter aux mots qui n'ont profondément aucun sens. On formule les choses, mais qu'il soit très clair que l'on ne peut pas comprendre une démarche. On peut comprendre qu'il n'y a rien à comprendre. À un moment donné, il faut renoncer à la prétention de pouvoir comprendre. Alors, la vie devient plus sensorielle. C'est cela qui est important. Quand vous vous livrez à la vie sensorielle, il y a vraiment accalmie et la pensée trouve une place plus juste. Quand vous voulez penser la vérité, vous vivez séparé des sens. Vous vivez dans une fraction. Quand la pensée occupe peu de place dans votre vie, vous êtes touché, vous sentez une tradition. La pensée est une chose qui a très peu de place dans une vie spontannée.

Essayer de comprendre, n'est-ce pas une expression artistique ?

Laisser la compréhension vivre en vous, oui, mais essayer de comprendre, non. Essayer de comprendre est un acte désespéré qui ne mène qu'au désespoir parce qu'on ne peut jamais comprendre. À un moment, il faut arriver à comprendre qu'on ne peut jamais comprendre. C'est cela qui doit devenir un vécu.

N'est-ce pas parce qu'on ne peut pas comprendre que l'on essaie de comprendre et que l'on crée tous ces abus, tous ces buts, toutes ces théories, toutes ces hypothèses, toutes ces histoires ?

Je dirais que l'expression artistique vient effectivement de cette non-compréhension. Mais les œuvres d'art naissent de la disponibilité à la compréhension. C'est pourquoi, au Cachemire, on fait une très grande différence entre l'œuvre d'art et l'expression artistique.

*L'expression artistique vient de cette recherche, de cet
effort de compréhension, n'est-ce pas ?*

Absolument. C'est pour cela que ce n'est pas une
œuvre d'art.

*Quelle différence faites-vous entre l'expression artisti-
que et l'œuvre d'art ?*

L'une exprime le conflit, l'autre pas. C'est pour cela
que vous allez rapidement vous ennuyer avec une expression artistique. Si elle correspond à votre propre
conflit, vous l'aimez. Quand votre conflit va bouger,
vous ne pourrez plus l'associer à cette expression artistique. Il va falloir changer.

*N'êtes-vous pas en train de créer une hiérarchie ? Je suis
écrivain et je suis en train de me demander si mon roman
est une œuvre d'art ou une expression artistique. Je tente
de comparer et je m'enferme dans je ne sais trop quoi ?*

Ce n'est pas une hiérarchie. Tout ce que l'on crée
est une expression artistique. Ce qui se crée à votre
insu est une œuvre d'art. La véritable œuvre d'art n'a
pas d'auteur. C'est un acte spontané.

*Tous ces termes comme Shiva, Shakti sont des histoires
qui avaient un sens pour leurs auteurs mais pas pour
nous.*

Ce sont des histoires qui ont été formulées pour
amener à cette totale évidence que vous ne pouvez pas

comprendre. Il y a des histoires qui viennent du silence, et si vous les parcourez vraiment sans rien attendre, elles vous ramènent au silence. Certaines histoires ne sont bien sûr que des concepts. Cependant, si vous lisez Maître Eckhart, Lin-tsi ou Gili, ces textes sont si imbibés de silence que votre pensée est peu stimulée. Vous êtes dans un état d'ouverture. Quand vous utilisez les concepts du romantisme de la Renaissance, ou d'autres concepts religieux, toutes ces images vous maintiennent dans une histoire sans fin.

Vous dites qu'une expression artistique naît d'une personne et qu'une œuvre d'art vient du silence. Selon vous, une œuvre d'art peut-elle être commentée ?

Elle peut être commentée, mais nos commentaires ne la concernent pas. Vous pouvez aller vers elle, apprendre à vous ouvrir à elle. Vous pouvez découvrir comment aborder une œuvre d'art. Cela s'apprend. Comme on peut apprendre à écouter, on peut apprendre à regarder. Mais commenter, c'est autre chose, parce qu'une œuvre d'art ne veut rien dire. Van Gogh n'a jamais expliqué ses œuvres. Elles sont vibration et expression de couleurs. Il voyait tout comme un mouvement. Ses lettres ne parlent que de visions et jamais du sens. Il n'a jamais dit : « Le cyprès veut dire cela, et les quatre saisons... » Il était complètement réceptif à la nature. Il a transposé la nature de la manière dont il la ressentait, à un niveau totalement énergétique. C'est pourquoi certains de ses tableaux sont si « émerveillants ».

Van Gogh était un homme qui souffrait beaucoup et auquel on mettrait l'étiquette de maniaco-dépressif de nos jours.

Souvent les grands artistes souffrent de ne pouvoir rendre l'art comme ils le voudraient. Van Gogh a été très admiratif des grands peintres de son époque et il souffrait de ne pas avoir la possibilité de rendre les choses comme il les voyait. L'acteur éprouve aussi cette peur de ne pas rendre le texte comme il le devrait. Il n'y a rien de psychologique là-dedans. C'est très différent du stress qui empêche l'acteur d'être un bon acteur. C'est une sorte de feu intérieur qui n'est pas pathologique.

Van Gogh disait d'ailleurs qu'il se sentait comme un prisonnier dans une prison de fer parce qu'il tentait d'exprimer la totalité et qu'il n'y arrivait pas.

Oui.

Quand on est vraiment à l'écoute, il arrive des émotions si positives qu'elles sont suivies d'une retombée négative. Comment éviter cela ?

Quand vous vous mettez complètement à la disposition d'une situation, il n'y a pas d'émotion négative. Une émotion ressentie dans votre ouverture n'est ni négative ni positive, elle réfère à votre totalité, et s'y dissout si vous n'y portez pas main.

*En ce moment, nous vivons une période de grand chan-
gement à tous les niveaux et les gens se sentent profondément insécurisés. Nous cherchons par tous les
moyens la sécurité au travail et partout. J'aimerais que
vous nous parliez de la sécurité et de l'insécurité. Comment développer la sécurité intérieure ?*

Quand vous voyez que profondément il n'y a que
l'insécurité, il y a un certain basculement qui se fait. Il
n'y a que l'insécurité. Quand vous l'avez reconnue,
corporellement et mentalement, vous décollez de cette
insécurité et là vous rejoignez la sécurité profonde. Il
n'y pas de sécurité corporelle. Votre corps est fait pour
être écrasé par un camion. Tôt ou tard, votre corps ne
pourra pas éviter tel ou tel accident. Vous ne pouvez
rien changer à cela. Vous pouvez apprendre les arts
martiaux, vous pouvez acheter un révolver, mais vous
n'enrayerez pas l'insécurité. La seule manière de vivre
avec l'insécurité, c'est de l'accepter totalement. L'insécurité fait la beauté d'un corps, fait la beauté de la vie.
Toute la créativité de la vie y participe, sinon elle
n'aurait pas d'éclat. Il faut faire la différence entre
l'insécurité psychologique et l'insécurité physiologique. L'insécurité physiologique est purement fonctionnelle. L'émotion à la vue d'un lion va mettre en
branle la masse musculaire et orchestrer tout un processus de fuite rapide. Cette réaction chimique et les
processus mis en branle par l'émotion sont purement
physiologiques, fonctionnels. Généralement, l'insécurité est psychologique.

C'est surtout de cette insécurité dont je parle...

C'est l'amour qui l'enrayera. L'amour de votre structure. Éprouvez complètement votre structure corporelle dans un espace et vous verrez la peur disparaître. La peur est une restriction. Entrez dans un hôpital psychiatrique et vous verrez des gens complètement renfermés en eux-mêmes. C'est pourquoi le souffle a une aussi grande importance auprès des malades en psychiatrie. Vous invitez ces gens-là à respirer dans l'espace et très vite ils ressentent une libération. Beaucoup de maladies viennent de la peur : peur du passé, peur du futur, peur de perdre, peur de ne pas faire face, peur de ses pulsions ou de ses impulsions. Quand vous écoutez votre corporalité, votre structure, la peur psychologique vous quitte. La peur psychologique paralyse l'action alors que la peur physiologique donne la possibilité de réagir avec la rapidité nécessaire. Quand quelqu'un vous met un couteau sous la gorge au coin d'une rue, si vous éprouvez la peur psychologique, vous serez traumatisé et dans l'incapacité de réagir. La peur physiologique par contre permet de trouver instantanément l'action adéquate qui provient d'une évaluation juste et spontanée. Si vous devez donner votre portefeuille, vous le donnerez. Si vous devez casser le bras de l'agresseur, vous le ferez. Cela provient de l'évaluation de l'instant, quand la corporalité est non psychologique. La plupart des humains éprouvent une insécurité psychologique. Ils aiment ou n'aiment pas telle ou telle personne, telle ou telle situation. Dans la vie, il n'y a rien à aimer ou à ne pas aimer. Tout est rythme et vibration. À ce moment-là, la vie devient plus fonctionnelle. Il faut analyser la structure du corps. Que se passe-t-il quand quelqu'un vous agresse ? Que se passe-t-il, dans le corps, quand vous vous rappelez tel ou tel événement qui s'est produit alors que vous étiez plus jeune ? Que se passe-t-il quand vous pensez à telle ou telle personne ou à telle autre qui a quitté ce monde ? Comment réagissez-vous ?

Écoutez votre structure sensorielle sans tirer de conclusions. Vous allez bientôt découvrir une très grande sensibilité dont le corps n'est qu'un camouflage psychologique. Qu'est-ce qu'il y a derrière ? Vous pouvez remettre en question toute la structure corporelle. Vous allez voir le cœur, les poumons, la circulation du sang, le cerveau, les articulations. Les organes des sens ne sont que des surimpositions d'éléments beaucoup plus subtils. Le corps a un sens très profond qui se réfère à des éléments cosmiques. Sachez lire le corps en l'écoutant profondément. Ce n'est qu'en l'écoutant intimement que vous pourrez comprendre un autre corps. Si vous voulez appréhender un mongolien, un sidéen, un chien, c'est votre propre structure qui vous donnera la sensibilité nécessaire à l'écoute d'une autre structure. Si votre corps vous est inconnu, vous ne pourrez pas être à l'écoute d'un autre. Écouter convenablement son corps, c'est le sens civique de la vie. Si vous ne le faites pas tous les jours, il y aura agression. Quand vous écoutez vraiment, tout élément psychologique disparaît. Il peut rester des relents, des traces, mais ils ne sont plus des références qui vous tiennent prisonnier.

Des enseignements nous disent de faire confiance à la vie et qu'elle pourvoira à tous nos besoins. Qu'en pensez-vous ?

C'est encore une forme de concept, plus positif que celui qui fait appel à la peur de la vie, mais c'est quand même un concept. Quand vous pressentez cette écoute en vous qui ne juge pas, n'approuve pas, ne condamne pas, le problème de faire confiance ou pas ne se pose pas. Ce n'est pas à la vie qu'il faut faire confiance, mais à ce qu'il y a derrière la vie et qui est dans votre écoute profonde. La vie est là pour célébrer.

Faire confiance à la vie ne veut pas dire espérer avoir plus d'argent demain qu'hier. Faire confiance à la vie, c'est accepter que toutes les situations se réfèrent profondément à votre ouverture, alors, elles s'actualiseront et se référeront à votre écoute. Mais cela ne veut pas dire que vous serez riche, jeune et belle éternellement. Cela, c'est la version commerciale de la confiance en la vie. Faire confiance à la vie, c'est faire confiance au fait que les guerres, les drames rejoignent votre interrogation profonde qui vous amène à cesser de prétendre être quelque chose. C'est à cela qu'il faut faire confiance. Mais croire qu'on sera plus riche, plus beau, se justifie seulement du point de vue pathologique de certains patients. Cela peut être tout à fait justifié pour consoler un enfant triste, mais, un jour, on n'a plus besoin de fonctionner ainsi. Si vous attendez quelque chose, vous serez toujours déçu.

Mais le Christ dit de cesser de se préoccuper de notre nourriture et de nos vêtements. Il dit : « Voyez les lys des champs, ils ne sèment, ni ne moissonnent. » J'essaie d'appliquer cela avec confiance et rien ne marche. Il dit aussi : « Cherchez le royaume et le reste vous sera donné par surcroît. » Pourtant, les factures sont bien là, elles.

Quand on vit sur le plan terrestre, il y a des responsabilités matérielles. Le fait d'être libre de vous-même ne paie pas les factures. Le pandit qui a enseigné à mon maître était un homme libre de lui-même. Il vivait à Bengalore dans une pièce de quatre mètres carrés. Il n'avait pas les moyens de nourrir sa femme. Alors elle restait dans son village. Sa liberté profonde ne lui a pas donné de possibilités financières. Si vous voulez gagner de l'argent, vous travaillez. Être libre de soi-même ne signifie pas devenir riche. Vous pouvez très bien être clochard et libre de vous-même. Vous ne vous prendrez pas alors pour un clochard.

En Inde, on parle beaucoup de la non-violence. Parlez-nous de la non-violence.

La non-violence, c'est de comprendre que l'écoute est indépendante des modalités corporelles ou psychologiques. C'est de comprendre que quand un corps est tué, l'écoute ne meurt pas. La non-violence affective, romantique, formulée par Gandhi a freiné le développement de la structure économique de l'Inde. Il a fait filer la laine dans de nombreuses régions parce qu'il était contre l'industrialisation. Sa vision a créé des famines d'une grande ampleur et beaucoup de violence.

L'Inde traditionnelle a toujours prôné de faire face à l'action, à la vie. La non-violence, c'est de pressentir que, lorsque le corps est tué, cela n'a rien à voir avec ces tendances anti-violence qui sont des caricatures. Quand vous coupez un arbre, il hurle. Il n'y pas de différence entre un légume et un animal. Si on ne mange pas de viande, c'est pour des raisons purement fonctionnelles et non pas pour des raisons idéologiques. Ne pas manger de la viande au nom d'une idéologie non-violente, cela n'a aucun sens.

Le système immunitaire tue sans arrêt, n'est-ce pas ?

Les diverses structures de vie tuent d'autres structures de vie pour vivre ou survivre. Mais je comprends que l'on puisse trouver étrange de sortir un poisson de l'eau alors qu'il y a des carottes.

Est-ce qu'il y a un sens à la vie ?

Le sens ne se trouve pas dans l'objet. Quand vous vous référez à l'écoute, il n'y a ni sens ni direction. Il n'y a pas de sens à la vie. Un sens se définit toujours en fonction d'un objet. Dans l'écoute, il n'y a pas de sens, pas de temps et pas d'espace. On cherche un sens par peur de l'inconnu. Vouloir comprendre, c'est de la violence. Dans l'ouverture, il n'y a rien à comprendre. Quand il n'y a pas de jugement, il n'y a pas de vie agréable ou désagréable. On ne peut pas parler de vie réussie ou ratée. Il n'y a pas d'action bonne ou mauvaise, il n'y a qu'un courant. Rien n'est séparé.

3

LE SYMBOLISME DE LA CROIX

J'ai l'impression que le symbole de la croix comme centre d'énergie a été occulté par les dévotions religieuses. Voulez-vous nous parler de la croix au sens tantrique ?

Il n'y a pas de croix. Il n'y a qu'un point qui est le symbole de la conscience. Toutes les autres formes sont des expressions du point. C'est un point sans centre ni circonférence. C'est au-delà du temps.

Le temps serait-il les embranchements de la croix ?

Le temps et l'espace sont la branche horizontale ; la branche verticale, c'est la prise de conscience du cœur.

Les branches symboliseraient l'expression phénoménale ?

L'élément principal, c'est le point. La verticale symbolise le retour à l'essence. En Inde, le lingam représente la conscience, le point central. Sur un autre plan, il symbolise également la réintégration de l'énergie dans son origine.

Il y aurait une montée vers le centre ?

Sur un certain plan, on peut dire que la manifestation est un mouvement descendant et ensuite, quand le monde se résorbe dans son origine, c'est un mouvement ascendant.

Le centre de la croix serait l'équivalent de l'énergie ?

C'est la conscience. Il ne faut surtout pas penser que la croix est un équilibre entre l'horizontal et le vertical. Le yin et le yang, c'est le diable. Le Tao n'est pas la résultante de l'équilibre entre le yin et le yang. Comme il n'y a pas d'équilibre entre le masculin et le féminin. Le yin et le yang, c'est déjà la manifestation. Le Tao coiffe le yin et le yang. Le point, c'est la conscience. L'élément horizontal, qui est complètement anecdotique, n'est que le symbole, dans l'espace-temps, de cette expression. Fondamentalement, il n'y a que le point. La prise de conscience de ce point est la verticalité qui résorbe l'horizontalité dans sa réintégration.

Quand les chrétiens parlent de « volonté de Dieu », ce serait, en définitive, ce retour vers le centre ?

Oui. La volonté de Dieu, c'est cette résorption.

La volonté humaine serait un refus du centre ?

Il n'y a pas de volonté humaine. C'est un rêve, un manque de perspective.

C'est donc le plan horizontal ?

L'horizontal, c'est le clown qui s'approprie les applaudissements alors que c'est le trapéziste qui a fait le numéro.

Il y a dans le svastika, ou croix gammée, comme une sorte d'énergie qui se bouscule. On retrouve ce symbole, par exemple, chez les Tibétains.

Oui. Le svastika est très connu au Tibet. C'est un symbole universel encore très vivant en Inde. Les branches du svastika ne sont que l'expression du centre d'où elles jaillissent et où elles se résorbent. Elles représentent les différentes possibilités de la manifestation, les différents états de conscience, expressions de l'Ultime.

Parmi les symboles de l'énergie, le serpent que l'on voit en Orient, chez les Indiens en particulier, comme une chose complètement positive de l'énergie est devenu chez les chrétiens le symbole phénoménal du bien et du mal.

L'énergie, c'est la conscience dans l'acte d'être conscient. C'est le symbole du retour chez soi. Il n'y a pas de positif et de négatif, de bien et de mal dans l'Inde traditionnelle. C'est complètement neutre.

L'énergie est pure ?

Elle est fondamentale mais fragmentée généralement par le fonctionnement de la pensée dualiste.

Dans cette fragmentation, l'énergie est perdue et il ne reste que les formes ?

L'énergie, jusqu'à un certain point, est coupée de sa source.

Quand Jésus utilise le symbole de la croix avec un serpent dessus ayant le pouvoir de guérir le regard, pensez-vous qu'il y a là une référence à cette énergie fondamentale ?

Le symbole du serpent symbolise la liberté de l'énergie.

Le serpent est dans la croix.

Le serpent réintègre le centre.

Le serpent dans le Paradis terrestre est un symbole extrêmement particulier. C'est un être qui crée une double voie entre le bien et le mal, est-ce la même chose en Inde ?

En Inde, il n'y a jamais eu de choix ou de non-choix. Toutes les expressions de la conscience sont justifiées. La kundalini est l'expression la plus proche de la résorption.

Qu'est-ce que le lingam symbolise ?

Selon Abhinavagupta, le lingam peut être approché de trois manières fondamentales. Du point de vue le plus extérieur, le Shiva-linga qui se trouve au centre du temple hindou est représenté par un phallus inséré dans une vulve. Le phallus surplombe la vulve, signifiant ainsi que la conscience (phallus-lingam) est au-delà de son expression phénoménale (vulve-yoni). À un autre niveau, le lingam représente l'énergie éveillée par le rituel du yoga, ou par une compréhension non objective qui, lors de son ascension, résorbe le relatif dans la conscience. Sa montée dévore le positif et le négatif, les éléments solaire et lunaire. Symboliquement, ce ressenti est représenté par la kundalini, soit le serpent qui se redresse vers sa résorption. Le monde manifesté est représenté dans l'Inde traditionnelle par l'élément féminin. La création du monde est le jeu de la déesse, sa résorption également. D'un point de vue ultime, le lingam est la conscience sans objet, le point sans centre ni circonférence, le bindu, la goutte de sperme : réservoir de la toute potentialité. La branche horizontale de la croix correspond à la première forme de lingam, la branche verticale à la deuxième, et le point central, à la troisième.

J'avais compris que le lingam sortait du yoni ?

Jamais. Le yoni, c'est le lingam regardé d'un point de vue de la non-transparence. Un regard clair voit Shiva, un regard encombré voit la manifestation. C'est la même chose qui est vue. On voit le créateur ou la créature. Mais il n'y a ni créature, ni créateur. Donc, le yoni, c'est un accident. Seul le lingam est réel.

Vous avez dit, dans un entretien, que les anges exis-
taient à un niveau plus élevé que nous, dans la mesure
où l'on croyait que l'on était quelqu'un, est-ce bien
cela ?

Sur un certain plan, les plantes sont plus sensibles
que les pierres, les animaux plus que les plantes, les
êtres humains plus que les animaux, et les entités non
humaines plus que les humains. À un plan plus profond, l'homme est le centre de la création, jalousé par
les dieux, car il a la possibilité de se savoir libre de
lui-même, libre de Dieu, au-delà de la manifestation.
Toutes les espèces de la création : minérale, végétale,
animale, angélique et divine se retrouvent dans le
corps humain. Quand les énergies se libèrent de leur
contraction et retrouvent leur fonctionnement organique, le corps humain contient tout l'univers. Chaque
étape de l'énergie, consciemment appréhendée, nous
ouvre au contact des différentes potentialités de l'univers. Les anges et les dieux ne sont pas à l'extérieur de
notre corporalité cosmique. Toutes ces expressions de
la conscience se meurent en elle quand l'objectivité se
résorbe totalement. À ce moment-là, il n'y a plus ni
dieu ni ange, mais uniquement silence.

Mais en quoi les anges et les archanges seraient-ils plus
grands que les êtres humains ?

Plus on intègre la création, plus les éléments créés
reflètent consciemment le créateur.

Ce ne sont pas des projections ?

Ce ne sont pas des projections de l'humain, mais de Dieu.

Mais Dieu n'est qu'une projection de l'homme...

Le Dieu qui est une projection de l'homme, c'est effectivement une projection. Mais l'idée d'être un homme, c'est une projection de Dieu. C'est ce que l'on appelle le rêve de Brahmā. Brahmā, c'est la conscience.

Vous voulez dire que les anges viennent plus directement de cette source ?

Oui. Un ange est plus proche de Dieu qu'un être humain. Un dieu est plus proche de Dieu qu'un archange mais il n'y a que l'homme qui ait la possibilité de mettre fin à la projection de Dieu. L'homme est l'élément charnière entre les éléments supérieurs et les éléments inférieurs. Il est le centre de la croix.

Ce que Henri Corbin a interprété comme le monde « imaginal » du soufisme d'Ibn' Arabi, c'est à dire un monde supérieur vraiment réel, cela existe vraiment ?

C'est un monde réel, tout comme l'état de rêve est un monde beaucoup plus imprégné de vérité que l'état de veille.

Parce qu'il y a beaucoup moins de préjugés dans l'état de rêve ?

C'est un état beaucoup plus libre. Les initiations reçues en état de rêve sont supérieures à celles reçues en état de veille. Au Cachemire, l'initiation transmise en état de rêve doit toujours précéder celle à l'état de veille. Vous ne pouvez pas fabriquer l'état de rêve.

L'état de rêve serait davantage en contact avec la source ?

Bien sûr ! Il offre moins de limitations que l'état de veille, il est plus humide de la vérité.

L'état de rêve est, selon vous, plus réel que l'état de veille ?

On ne peut pas employer le mot réel. Cette expression doit être utilisée uniquement pour ce que l'on appelle *tûrya* (la conscience).

C'est l'état de sommeil profond ?

Non ! Le sommeil profond est le premier voile sur le réel, mais c'est un voile de lumière.

C'est pourquoi il est préférable de conserver le silence après le sommeil ?

Lorsqu'un regard sans référence s'établit, l'état de rêve se réduit considérablement. En général, le rêve libère ce qui a été ajourné à l'état de veille. Quand quelqu'un passe sa vie dans l'ajournement, les rêves sont très importants. Si on se donne le matin au « vidage » du corps et du psychisme, l'état de rêve s'élimine en grande partie. Les rêves qui restent à ce moment-là sont beaucoup plus des songes qui viennent directement de la conscience. Le songe est très différent du rêve. Il n'y a rien de personnel dans un songe ; il vient de l'évidence.

Est-ce au songe que vous vous référiez quand vous disiez que des gens pouvaient être initiés en rêve ?

Il y a certaines analogies, mais ce n'est pas la même chose. L'initiation en rêve fait encore partie du plan phénoménal. C'est une transmission qui va plus loin que celle à l'état de veille, mais qui n'est pas aussi percutante qu'en songe, où l'objectivité s'élimine toujours immédiatement après son apparition.

Le songe est donc la forme la plus profonde, la plus parfaite du monde du rêve ?

Ce n'est plus le monde du rêve.

Est-ce là que les Rishis (ceux qui voient) de l'Inde ancienne recevaient leurs révélations ?

Absolument !

Selon vous, le monde astral et tous les états intermédiai-
res dont parlent les Tibétains de même que les expérien-
ces de sortie du corps et de morts cliniques, tous ces
états, sont-ils réels ou sont-ils des rêves ?

Il est certain que lorsque le corps subtil retrouve une
certaine plasticité, la sensibilité qui éclôt est à l'écoute
de tous les événements dont vous parlez. Le yoga vise
à libérer notre potentiel de sensibilité. C'est pour cela
qu'on travaille le mouvement, le déplacement du corps
énergétique. Parce que c'est ce corps sensible qui vous
fait rencontrer l'environnement, le divin, le monde mi-
néral, angélique et même humain. L'amour se trouve
dans ce corps du souffle, pas dans le corps schématique.

Selon vous, est-ce qu'il y a des êtres démoniaques, né-
gatifs, des asûras ?

Il n'y a rien de négatif.

Ces êtres démoniaques seraient-ils des projections ?

Non, mais ils ne sont pas négatifs. L'être qui veut
s'attribuer des qualités divines ressentira cela tôt ou
tard comme des éléments diaboliques. Quand le conditionné veut s'attribuer les qualificatifs de l'inconditionné, il y a cette méprise.

Il n'y aurait donc pas d'espaces de ténèbres ?

Les états d'avidité, de désir et de peur sont les ténèbres ; se prendre pour quelque chose, c'est l'état de

ténèbres. Être ouvert, c'est l'état de clarté. L'enfer éternel, c'est une conceptualisation. Selon Ibn' Arabi, les êtres déterminés à aller en enfer restent en enfer, mais, tôt ou tard, ils lâchent leur vision fragmentaire, l'émerveillement les saisit et ils se rendent compte que l'enfer n'est autre que le paradis : Allah.

Que voulez-vous dire ?

Quand l'enfer est regardé du point de vue de la conscience, c'est la conscience. Quand il est envisagé d'une manière plus restrictive, c'est la damnation. L'enfer n'est pas différent du paradis, c'est uniquement le regard posé sur ces expressions de la conscience qui voit l'enfer ou le paradis. Le regard posé libérera l'enfer de son objectivité, révélant l'essence commune à l'enfer et au paradis qui est celle du damné lui-même. Maître Eckhart le dit autrement mais il ne parle jamais de damnation éternelle. La vie éternelle, c'est la conscience. Tout le reste est relatif.

4

LE TANTRISME

Qu'est-ce que le tantrisme ?

Traditionnellement, il y a cette intuition profonde du silence. Cette intuition est non duelle ; on l'appelle en Inde Advaïta. Lorsque cette intuition s'actualise, elle s'exprime dans la dualité, c'est-à-dire corporellement et mentalement. Le tantrisme, c'est l'actualisation dans l'espace-temps de cette intuition du silence. Toutes les expressions de la vie sont affectées par cette intuition. Le tantrisme, c'est la manière dont cette intuition éclaire les différents aspects de la vie. Le point de vue du tantrisme cachemirien qui est tout à fait non duel, se réfère constamment à cette expérience d'être.

Parlez-nous de cette pratique. Il y a des exercices à faire ?

Non. C'est vraiment une expression de la profonde conviction que ce que vous cherchez n'est pas dans la situation, l'objet. Cette prise de conscience amène un éclaircissement de votre expression corporelle-mentale.

Alors, votre manière de dormir, de manger, de rêver, de vous alimenter, votre manière d'être relié aux autres, à la nature, est affectée. Selon les cas, il peut y avoir éventuellement certains rituels qui participent de cette intégration, mais le tantrisme est tout à fait au-delà de tout rituel.

Dans votre démarche, comment avez-vous abordé cette approche ?

J'ai eu la chance de rencontrer un ami qui vivait totalement sa liberté et qui formulait un certain cheminement qui participait de la voie tantrique. Quand vous rencontrez quelqu'un, libre de lui-même, qui ne se prend pas pour quelque chose ou pour quelqu'un, vous êtes jusqu'à un certain point ébranlé. Cette liberté que vous ressentez à son contact est en réalité la vôtre. Il y a un écho en vous. Vos activités prennent peu à peu la saveur de cette résonance. Le mot exercice, ici, n'est pas approprié. C'est un peu un sacrilège puisque dans un exercice, il y a quelqu'un qui vise un objectif, un but, alors que le tantrisme est sans but. C'est une célébration de la Joie, du Silence. Vous célébrez votre être axial. S'il y a pratique, rituel, ce n'est, en aucun cas, pour arriver à quelque chose ou quelque part. Vous remerciez uniquement cette Conscience qui a été pressentie. En Inde, les rituels que l'on présente souvent comme des exercices, des moyens pour arriver à une quelconque réalisation sont, en fait, des actes de célébration, des remerciements de votre nature profonde.

Ce que l'on connaît du tantrisme en fait une pratique reliée à la sexualité. Est-ce que la démarche cachemirienne s'inscrit dans cette vision ?

Contrairement à ce qui a été formulé en Autriche, au siècle dernier, il n'y a pas d'énergie sexuelle. L'énergie est pure. Elle peut se fractionner, s'exprimer à différents niveaux. Quand un musicien compose, ce n'est pas une énergie sexuelle qui s'est transférée, qui a été sublimée dans la musique. L'énergie est neutre. Quand on regarde sa vie, on s'aperçoit que certaines régions sont mal éclairées par notre pressentiment profond. Quand vous vous référez au silence, vous allez, comme au cinéma, regarder votre vie d'une manière complètement objective, sans jugement. Vous savez très bien que votre vie ne pouvait être autrement. Votre vie n'est pas un hasard. Vous l'acceptez totalement. Vous écoutez vos aptitudes corporelles, mentales, pour la beauté de la découverte

La sexualité représente une très grande fixation ! Il faut se libérer de cette restriction. Elle disparaît complètement dans le tantrisme. La sexualité, c'est une compulsion. La plupart des êtres humains ressentent une tension et la sexualité représente un moyen de l'éliminer. Quand votre corps est dans une très grande tranquillité, une très grande transparence, vous vous sentez complètement autonome, sans besoin. Alors, vous pouvez rencontrer l'autre librement. Quand vous touchez, quand vous regardez, quand vous sentez, quand vous goûtez, quand vous entendez un être humain avec les mains libres, il y a vraiment puissance : on rencontre l'autre dans la plénitude et non dans le besoin. Si vous touchez par désir, vous allez très peu loin puisque vous projetez votre propre désir et vous vous servez de l'autre corps pour satisfaire une impulsion. Quand c'est fini, vous allez au cinéma et, trois heures plus tard, vous recommencez. La découverte d'un autre corps est une chose absolument extraordinaire. Mais avant de découvrir un autre corps, il faut découvrir son propre corps. Quand on a un corps habité par la peur, le désir, l'anxiété, on ne peut pas toucher un autre corps. C'est impossible. On a les mains prises, le regard pris. Il faut d'abord amener son corps à une totale écoute. On écoute son corps sans rien projeter. Le corps n'est pas un hasard. Vous regardez votre corps, vous le sentez, le goûtez jusqu'à ce que vous déceliez qu'il n'est qu'un schéma. À l'âge de trois ou quatre ans, la plupart des gens ont déjà fixé leur corps. Quand ils se réveillent le matin et qu'ils ressentent leur corps, ils sentent uniquement un schéma de peur et d'avidité. Dans le yoga tantrique, la première étape est de mettre à nu la structure corporelle. On verra comment le corps est une masse de réactions, de peurs, combien la glotte, le sternum, les épaules, les hanches, les mains, les yeux, la bouche sont uniquement préhension, avidité. Ce qui plaît, on veut s'en saisir, ce qui déplaît, on le refuse. Le corps est soumis constamment au mouvement de l'attraction et de la répulsion. Avant de rêver de faire une rencontre, il faut se rencontrer soi-même. Il importe que la corporalité retrouve son ouverture, sa transparence naturelle. C'est le premier pas. Quand vous vous sentez libre du désir, autonome, satisfait, vous pouvez célébrer cette satisfaction avec un autre. C'est là qu'intervient ce qui a été caricaturé dans le tantrisme. Le tantrisme est une célébration, pas un moyen. On n'utilise pas la sexualité pour arriver à ceci ou à cela. On exprime le sentiment de la suffisance dans une union qui est complètement libre. Quand vous allez à Kadjurao ou à Konarak ou dans d'autres temples où vous regardez des sculptures soi-disant érotiques, vous serez saisi par les visages complètement libres qui n'expriment aucune tension. Les positions du corps sont très complexes, mais il n'y a aucune préhension. Les mains sont libres et toutes les parties du corps sont ouvertes. Si vous preniez les têtes de ces sculptures pour remplacer celles de bouddhas, en méditation cela conviendrait parfaitement. Le rituel de l'amour est approché du point de vue du silence. Les miniatures *rajput* du nord de l'Inde expriment également cela. Vous voyez un homme assis, sa femme autour de lui. L'homme tire à l'arc ou boit une coupe de vin. On voit la liberté par rapport au moment. Il y a une très grande puissance qui est liée à l'absence de participation psychologique. L'acte exprime la liberté mais ce n'est pas un moyen. Un acte qui vient d'un manque tend à combler votre solitude et ne peut que vous plonger dans une plus grande solitude, d'autant plus si la sexualité est très intense. Vous aurez envie de « jeter » votre amant, par la suite. Cela c'est la sexualité alors que le tantra est l'art d'exprimer la joie et non pas l'art de la créer puisqu'elle est à l'origine.

Comment s'introduit-on dans cette démarche ? Où devons-nous commencer ?

On ne peut pas s'introduire, c'est un courant. Vient un moment où lors d'un très grand succès ou d'un très grand échec, vous regardez votre vie d'une manière neutre. Pour beaucoup de gens, le choc se produit au moment d'un grand échec : votre femme vous a quitté, votre métier vous a quitté, votre corps n'est pas en très bon état, vos enfants ne sont plus source de joie. Une distance se crée. Vous vous asseyez sur votre maison en ruine. Le moment est si intense que vous ne pouvez même pas pleurer. Pour d'autres, le choc vient d'une série d'accumulations. Tout ce qui a été désiré est là et, pourtant, vous vous rendez compte que cela vous laisse totalement indifférent. Vous êtes tellement « successfull » que vous regardez votre vie comme un spectateur. L'échec ou le succès est tellement grand que vous en sentez le vide. À ce moment-là, si la personne a la grâce, elle se rendra compte, profondément, que ce qu'elle cherche ne se trouve pas dans une accumulation ou dans un devenir. Ce qu'elle cherche précède sa recherche. Ce qu'on a cherché dans les situations, les êtres ou les choses se trouve dans cet état de non désir. Quand on a l'épouse, la maîtresse, les maisons, les voyages, les comptes en banque, vient un moment de non-désir. Mais rapidement, le désir revient. Puis, vous vous apercevez que toutes les femmes, malgré leur différence de cheveux, que tous les comptes en banque, que tous les succès vous amènent au non-désir. Ce que vous cherchiez dans les situations n'étaient que des occasions. Alors, à ce moment-là, ce que l'on appelle en Orient une orientation se fait. Vous savez où la vérité ne se trouve pas. Vous ne savez pas où elle se trouve, mais vous savez désormais où elle ne se trouve pas. C'est le terrain indispensable pour le pressentiment de la direction qui, par sa nature même, est impensable. Dans cette ouverture, vous ressentez un courant et, si, éventuellement la formulation du tantrisme vous convient, vous serez pris par ce courant. Il se révèle quand vous avez l'intime conviction que ce que vous cherchez ne se trouve pas à un niveau phénoménal. Pour certains, ce sera le tantrisme ; pour d'autres, le soufisme. Peu importe. On ne rencontre pas une tradition, c'est elle qui vous prend. Vous êtes passif, comme vous l'êtes avec une femme. C'est elle qui vous séduit. Vous pouvez croire que vous agissez mais finalement, c'est son regard, c'est son sourire qui fait que vous avancez. Pour la tradition, c'est la même chose ; c'est elle qui vous entraîne. Vous êtes passif ; si vous êtes actif, vous portez les résidus du passé. De ce fait, vous choisirez une tradition comme on choisit ceci ou cela et cette démarche restera à un niveau intellectuel.

Au moment où on est pris par la tradition, au moment où on se laisse prendre, que se passe-t-il ?

Personne n'est pris ! L'entité qui s'imagine agir, décider n'est pas partie prenante d'une démarche traditionnelle. Il y a un courant mais personne pour le suivre. Dans une démarche progressive, le sujet, le yogi développe quotidiennement ses capacités physiques, intellectuelles, psychiques, spirituelles dans l'espoir d'atteindre l'Ultime. Contrairement aux démarches progressives, l'approche cachemirienne n'est pas démocratique. Penser que le moins peut atteindre le plus est une forme de sacrilège. C'est la lumière qui efface l'ombre. Vous vous rendez compte que ce pressentiment est non individuel. On réalise à quel point le corps et la pensée ont été brimés par l'idée d'être une personne. Au lieu de trouver son autonomie naturelle, le corps est constamment en réaction. Quand on vous dit que vous êtes un homme extrêmement sympathique, tout votre corps se relâche. Quand on vous dit que vous êtes idiot, tout le corps se fixe. La pensée et le corps sont constamment en réaction. L'éclairage d'une démarche traditionnelle fait vraiment prendre conscience de la manière dont on fonctionne et à quel point on n'est jamais ouvert aux situations. On réagit toujours en fonction d'un soi-même. Ce qui supporte ce soi-même est sympathique, ce qui le remet en question est antipathique. On passe sa vie dans cette structure de choix.

La première actualisation de ce courant c'est cette constatation de notre fonctionnement, non pas pour le corriger ou l'améliorer puisque l'ego ne peut pas devenir non-égotique. Il suffit d'être conscient du fait que l'on se situe comme une personne, que l'on prétend ceci ou cela, que l'on récapitule le passé, que l'on projette le futur, bref qu'on n'est jamais ouvert à l'instant. C'est une attitude de constatation. Il n'y a personne qui constate. Il y a constatation. Les énergies qui étaient dirigées sur le faire, se réorientent dans votre regard. Dans une véritable démarche, il n'y a que regard. Celui qui s'attribue la démarche est le seul obstacle. La constatation est d'abord intellectuelle puis elle s'élimine. Il n'y a pas de transformation décorative. Dans une approche traditionnelle, il ne se passe rien. Aucun accent n'est mis sur ce qui se passe, sur les prolongations corporelles et mentales.

Est-il possible de rencontrer la tradition seul, sans un guide ?

Vous pouvez lire des textes si vous avez la chance de rencontrer des textes justes qui formuleront clairement les choses. Vous pouvez observer votre vie pour voir à quel point on fonctionne de manière égotique, personnelle. Dans votre ouverture, une rencontre se fera. C'est l'ouverture qui amène la rencontre. La rencontre est inévitable. Jusqu'à un certain point, le maître s'est posé les mêmes questions que vous. Il a rencontré les mêmes antagonismes. Si vous allez en Afrique, pour la première fois, vous vous laisserez guider par quelqu'un qui connaît le territoire. C'est un peu la même chose. Le maître soulignera les endroits de notre vie qui ne sont pas clairs, qu'il faut remettre en question. Mais ce n'est pas son rôle de maître. C'est le rôle de ce que l'on appelle en Inde, l'upa-gourou. C'est un rôle de préparation. Un véritable maître, si on se réfère

à la tradition, est effectivement lumière, l'élève est po-
tentiellement lumière. Le passage pour l'élève de l'élément potentiel à l'effectif demande la présence du
maître. C'est la seule raison d'être du maître. Tout ce
qui est enseigné ou dit par le maître est secondaire. Ce
sont des préparations. Le fait qu'il incarne cette lumière effective enflammera la lumière virtuelle chez
l'élève. C'est ce que l'on appelle en Inde la transmission. Il n'y a rien qui est transmis et personne qui
transmet mais il y a réflexion. Un maître n'a rien à
enseigner. C'est sa présence qui compte. Vous le sentirez si vous avez la chance de rencontrer des gens
libres d'eux-mêmes.

Qu'arrive-t-il quand le disciple s'est enflammé ? Que se
passe-t-il, pour lui, après ?

Ce n'est plus un disciple. Votre liberté fondamentale
est identique à celle de l'enseignant. D'ailleurs, il n'y a
pas d'après. Jusqu'à un certain point, on peut dire que
lorsqu'il y a eu vraiment un pressentiment profond, il
y a actualisation de ce pressentiment. C'est pour cela
que la démarche tantrique a lieu après ce pressentiment. Le yoga suit la compréhension. C'est parce qu'il
y a eu compréhension que vous pratiquez le yoga. Ce
n'est pas la pratique du yoga qui amène la compréhension. C'est l'évidence de voir combien votre corps est
restreint par la peur et l'anxiété qui fait que vous allez
sciemment le matin suggérer à votre corps de se référer
à sa vraie liberté qui est ouverture. Le mental fonc-

tionne par référence constante au connu. Le mental ne peut jamais être créatif puisqu'il répète sans cesse les mêmes schémas. Ce constat fait que vous allez laisser votre mental tranquille à certains moments. L'art intervient après la compréhension. C'est pour cela que l'art du yoga est célébration et non pas moyen. L'idée de moyen est une invention de la mentalité moderne, cela n'existe pas en Orient où il n'y a que célébration. Quand vous tirez à l'arc, comme au Japon, vous ne tirez pas pour quelque chose. C'est l'état de liberté qui mène la flèche au but. C'est votre harmonie qui se reflète dans le bouquet de l'ikébana. Vous ne faites pas le bouquet pour obtenir l'harmonie, sinon, c'est une caricature. C'est parce que vous êtes chrétien que vous allez à l'église. Vous n'allez pas à l'église pour devenir chrétien. Donc toute l'extériorisation, toute la tradition du point de vue cachemirien, est un reflet de l'évidence. Ce qui permet une parfaite actualisation. Si vous voulez travailler votre corps « avec but de » il n'y aura que de la violence. Si vous travaillez sans raison, vous découvrirez une très grande sensibilité qui vous permettra de voir comment fonctionne la machine. Le corps pourra se révéler.

En ce qui a trait à la sexualité, c'est uniquement quand vous êtes libre du désir que vous pouvez rencontrer un autre être. Tant qu'il y a désir, vous ne pouvez rencontrer que votre désir. Vous pouvez chercher les meilleures amantes du monde, mais en définitive vous ne serez jamais satisfait. Il faut d'abord pressentir l'autonomie pour qu'elle puisse s'exprimer sur le plan des relations homme-femme. Tout l'élément magique, tout ce qui est contenu dans le souffle, les éléments subtils du corps, s'éveillent uniquement dans l'ouverture, dans votre attitude de non-faire. Tant qu'il y a effort, intention, les énergies sont bloquées par la tension musculaire, par le désir. Donc, le rapport tantrique, si on peut employer cette expression, c'est le résultat d'une totale abdication d'un soi-même, d'une totale abdication du désir. Il ne reste rien et c'est dans ce rien que l'énergie s'éveille et qu'il y a véritable célébration.

Est-ce possible de vivre la vie quotidienne, d'aller travailler au bureau, à l'usine, de conduire sa voiture dans cet état-là ?

On ne parle pas d'état mais de non-état, c'est-à-dire de cet arrière-plan qui éclaire les autres états, c'est-à-dire la veille, le rêve et le sommeil profond. C'est un parfum. Quand vous avez un peu le goût de ces choses, cette intégration a lieu chaque matin. Ce que beaucoup de gens appellent la méditation. Qu'est-ce que la méditation du matin ? C'est le passage du non manifesté, de la nuit, à la manifestation, au jour. Si ce passage se fait consciemment du point de vue de votre tranquillité profonde, du sommeil profond, alors vous intégrez le jour, la manifestation du point de vue de ce pressentiment de votre nature axiale. C'est cela qui éclairera la beauté de la journée. Toutes vos activités, vos rapports avec votre femme, votre maîtresse, votre travail, vos enfants seront teintés par cette profonde tranquillité.

Une démarche authentique amène une immense facilité dans la vie de tous les jours. Une démarche qui rendrait la vie de tous les jours difficile est une démarche ascendante où le yogi se sépare du monde de plus en plus. C'est cela la violence.

Dans le tantrisme, c'est un peu comme si vous aviez une très grande cape et que vous preniez le monde sous votre cape. Tout est éclairé par ce regard. Rien n'est à l'extérieur. Toutes les situations corporelles, mentales sont un reflet de ce silence. Un des grands textes de l'école cachemirienne, Le *Vijnana Bhaïrava Tantra,* décrit les multiples situations de la vie comme autant d'opportunités de pressentir le divin. Une stance dit : « Imaginez que vous êtes sur un champ de bataille et que quelqu'un vous court après pour vous couper la tête. Dans l'instant même, donnez-vous au regard, vous verrez que le silence profond va jaillir. » Toutes les situations sont supportées par ce silence. Rien ne l'exclut et rien ne le dérange. La vie phénoménale est l'expression du silence. Le silence, c'est le bourgeon ; la vie phénoménale, c'est l'éclosion de la fleur. Le monde est l'expression de ce qu'il y a derrière : le silence profond. Si le monde est complexe, c'est que quelque chose n'a pas été appréhendé.

J'essaie de résumer ce que vous avez dit. On a une intuition lors d'un moment privilégié de sa vie. Suite à cette intuition, on se laisse prendre par le courant jusqu'à ce que l'on devienne le silence. Après, le silence éclaire toutes les activités de la vie. Est-ce que je me trompe ?

On ne devient pas le silence. On se rend compte que derrière toutes nos activités physiques et mentales, il y a ce constant silence. On est un avec lui dans le sommeil profond. Il est la toile de fond de l'état de rêve et de l'état de veille. On est un avec ce silence entre deux pensées, entre deux perceptions, entre l'inspiration et l'expiration. Il y a ce pressentiment du silence.

Cette intuition du non-désir, tout le monde la porte en soi. Même le bourreau quand il découpe sa victime en morceaux, si vous observez profondément sa démarche, agit pour arriver au non-désir. Il ne connaît pas d'autres solutions pour arriver à cette tranquillité. Il y a des pays qui déclarent la guerre à d'autres en croyant que c'est la seule solution pour arriver à ce non-désir, à un apaisement. Toutes les activités humaines, quelles qu'elles soient sont inspirées par cette direction. Donc, la seule chose qui est demandée, c'est cet éclairage qui nous permet de voir le véritable but de chaque activité. C'est pour cela que dans le tantrisme, on dit : « Suivez votre désir. » Cela ne veut pas dire de faire n'importe quoi. C'est plutôt une invitation à regarder votre vrai désir, celui qui se cache derrière toutes vos activités, toutes vos prouesses professionnel-

les, familiales ou autres. Que cherchez-vous vraiment ?
Si la maturité se fait, vous arriverez à la non-réponse
qui est cet état de non-désir. C'est ce non-désir qui
vous fait désirer les choses. Donc il faut suivre son
désir. Si on le suit, il devient éclairé. Suivre ce courant
en nous, comme on remonte le courant d'une rivière
jusqu'à sa source, mais clairement, en se posant la
question : « Qu'est-ce que je désire vraiment ? »

Le tantrisme a souvent été associé à des pratiques
sexuelles. Ne pourrait-on pas dire que c'est dans la
sexualité que la difficulté est la plus grande ou la plus
évidente ?

C'est parce que le tantrisme a éclairé certains aspects de la sexualité. Dans nos sociétés, après l'argent,
le sexe est un élément fondamental. Si le tantrisme
avait parlé d'argent, ce serait devenu également très
important. Il ne parle pas d'argent mais ouvre un nouveau regard sur la sexualité. Alors, on a récupéré cela.
Dans le monde moderne, quand un politicien a un lien
avec une prostituée, on oublie ses quinze années de
service, d'efforts, et, dans les journaux, on étale seulement sa liaison. Il y a une fixation étonnante sur cet
élément-là.

Notre attitude vis-à-vis de l'amour et de la sexualité
nous renseigne sur notre état profond. Il importe de
devenir conscient de nos mécanismes sur ce plan-là. Il
est très important de voir comment on fonctionne. Ainsi, quand vous caressez quelqu'un, est-ce vous-même

que vous caressez ? Est-ce que votre main est disponible ? Faites-vous l'amour avec l'image de vous-même ? Avez-vous besoin d'une très belle femme à côté de vous pour vous sentir très viril, pour vous sentir aimé ou pour sentir que vous valez quelque chose ? Il y a des hommes, quand ils arrivent à un certain âge et même avant, quand leur virilité n'est plus très vivante, qui payeront une très belle femme pour sortir avec eux le soir. Ils ont besoin de maintenir, pour leur entourage, cette image de la virilité.

Si l'éclairage se fait, très vite, vous pressentez le non-désir. Alan Watts avait un peu flairé cette direction, à une certaine époque. Il avait vu que les êtres humains avaient une très grande attraction pour la sexualité et aussi invitait-il ses amis à faire l'amour et à devenir attentifs à la rencontre de deux corps apaisés. Ils les invitait à observer qu'ils pouvaient aller beaucoup plus loin après l'extinction du désir. C'est très sympathique, mais cela ne peut pas aller très loin parce que les énergies ont été dépensées. C'est une énergie dont on a extrêmement besoin. C'est pour cela que dans le tantrisme, on met l'accent sur l'absence de perte d'énergie chez l'homme et la femme. Cette énergie crée l'intensité. La sexualité, libérée de tous les éléments psychologiques, est magique.

En Inde, dans certaines familles traditionnelles, il y avait trois pièces, l'une pour l'homme, l'autre pour la femme et une troisième pour la célébration de la vie par l'acte d'amour. L'homme et la femme se rejoignaient à cet endroit-là. Quand on est sensible, on ne dort pas avec son conjoint pour préserver cette intimité corporelle. Si vous dormez tous les soirs avec votre femme, vous aurez éventuellement besoin d'une maîtresse. Si vous avez votre chambre, vous allez parfois visiter votre femme avec le risque qu'elle refuse. L'homme doit prendre ce risque. Ici, les êtres humains s'ennuient, se touchent et se tripotent constamment. L'Orient a conservé jusqu'à un certain point cette intensité ; mais il ne faut pas être trop romantique là-dessus. Elle est en nous aussi. C'est à nous de regarder. Rencontrer une femme ou un homme sans rien savoir et sans rien avoir à prouver. Vous et votre partenaire n'avez besoin de rien. Vous vous rencontrez en toute liberté. C'est une étude passionnante que de rencontrer physiquement quelqu'un sans avoir besoin de rien. Vous fermez les yeux et vous vous donnez à la rencontre. Vous ne cherchez pas un orgasme, vous ne cherchez pas à arriver à ceci ou cela. Vous êtes ensembles sans raison et vous observez ce qui se passe. Une énergie extraordinaire peut alors surgir si les partenaires ont une sensibilité corporelle appropriée. Le souffle se libère complètement, remplit le partenaire, remplit toute la pièce. Il n'y a qu'énergie. Tous les éléments rituels si nombreux que le tantrisme a élaborés peuvent alors entrer en jeu. Ils s'inspirent de la totale liberté.

Mais si vous faites tel ou tel mouvement grossier tel que décrit dans d'innombrables traductions de textes chinois, c'est totalement à la surface. Tous ces textes qui visent uniquement la prolongation, soi-disant, du plaisir et la longévité humaine n'ont rien à voir avec l'approche sacrée de la sexualité. Bien sûr, il y a des techniques très précises mais elles ne peuvent s'exprimer que dans une absence totale de désir et de besoin. Un homme en bonne santé se lève généralement le matin avec une érection ; ce qui prouve bien que l'érection n'est pas liée au désir. Alors, on apprend par une totale abdication de tout savoir. On ne peut rien savoir ! Dans une corporalité complètement mise à nu, vous ne vouliez rien. Au Cachemire, on emploie le terme de grand banquet pour ces unions. Traditionnellement, à une certaine époque, des gens sans désir se rencontraient en groupe pour célébrer cette union libre de tout désir. Ce cercle n'est pas fini. Il est toujours présent. Il faut actualiser en nous ce grand banquet dans l'absence totale d'un soi-même. Un soi-même ne peut pas recevoir. Il ne peut rien donner, alors que dans l'amour, il n'y a que le don.

Deuxième partie

L'art de l'écoute

Mon être tout entier devient regard ;
Mon être tout entier devient ouïe.

Ibn' Arabi, *Le dévoilement des effets du Voyage*

5

LE SOUFFLE

Je ne vois vraiment pas le sens que peut avoir le travail corporel...

Si vous vous sentez attirée par une formulation corporelle, suivez cette attraction. Si vous ne vous sentez pas attirée, ne vous imposez rien. L'important, c'est la découverte, mais il n'y a rien à découvrir. Le but du yoga, c'est uniquement cela : se trouver dans cette ouverture où il n'y a rien à savoir. Dans l'exercice, l'éveil de l'énergie qui se présente est uniquement là pour révéler cette écoute. En lui-même, l'exercice a très peu de valeur. L'important est de rester complètement au niveau de la sensation. C'est la seule manière de quitter le fonctionnement mental. Ce qui empêche cette ouverture, c'est l'activité mentale. Le travail corporel aide à éliminer la pensée. Tant qu'il y a pensée, il y a restriction. Quand vous vous donnez à la sensibilité corporelle, vous ne pensez plus. Celle-ci, par sa nature, se réfère au silence. Tôt ou tard, quand elle n'est pas manipulée dans votre méditation, elle s'effondre dans votre ouverture. Très souvent, cela reste un concept, une idée. Jusqu'à un certain point, le goût vient avec la pratique. Quand vous vous sentez attirée par un art, vous devenez très sensible à l'art : vous le goûtez. Quand vous apprenez à regarder la peinture ou la sculpture, au début, certains éléments peuvent sembler ennuyeux parce qu'on les regarde d'une façon telle qu'ils restent isolés. Si, pendant quelques années, vous allez voir les grandes expositions proposées par les musées, à un moment donné, vous entrez tout de suite dans une peinture. Vous apprenez à toucher une sculpture avec le regard. Le yoga est un art sacré. C'est ce qu'il y a de plus précieux dans le monde phénoménal. Il faut être éminemment attiré, sinon, c'est une forme de sacrilège. Cela se fait organiquement. Ne cherchez pas une justification au travail corporel. Quand vous êtes dans le mouvement, vous n'êtes que sensation. L'idée que cette sensation peut s'épurer ou se vider est un obstacle. C'est dans votre total ressenti de l'instant que la sensation peut se vider. Cela se passe complètement à votre insu. Il n'y a jamais de réponse à un pourquoi. Le mot « pourquoi » est un non-sens.

Quand la sensation est agréable, je veux la répéter. Mais j'ai l'impression que c'est le mental qui veut la répéter.

La sensation de l'espace est totalement organique. Cette sensation qui a créé la structure cellulaire a créé le corps. Si vous faites face à un corps complètement vacant, il y a une sorte de rappel. C'est tout à fait normal de suggérer à son corps cette attitude d'ouverture. Ce n'est pas mental. Ce qui est mental, c'est de maintenir le corps dans une sensation de pesanteur, de compression, de défense, de peur. Cela, c'est purement mental. Se donner à la détente, c'est complètement organique. Il faut qu'il soit très clair qu'il n'y a rien à faire pour se détendre. Le « faire » entraîne la tension. Ressentir n'est pas une activité. Il s'agit d'observer notre préhension constante. Pour détendre les épaules, il n'y a rien à faire. Par contre, pour maintenir les épaules hautes, il y a continuelle activité. À un moment donné, vous vous rendez compte que vous êtes toujours en train de tenir les épaules hautes ; ça suffit ! Naturellement, les épaules vont lâcher. L'activité, c'est de tenir les épaules tendues et non pas de les détendre.

Le souffle, c'est le premier reflet de la conscience : sa première concrétisation. Dans la formulation cachemirienne, on dirait que c'est la liberté qui a pris une forme. Quand on laisse totalement le souffle libre, il retrouve sa fonction de reflet. La conscience a besoin d'un reflet, d'un moyen pour s'objectiver.

Le travail du souffle, dans le sens classique, c'est une célébration de la conscience.

Le travail du souffle contient, en lui-même, la paix, la tranquillité. Quand vous apprenez l'art du souffle, jusqu'à un certain point, vous réintégrez consciemment cette tranquillité lors de l'expiration. Les autres temps : inspiration, rétention, expiration ne sont pas à l'extérieur. C'est seulement au début que l'on fait une séparation. Cela demande de quitter complètement les niveaux respiratoires. La respiration a une fonction physiologique mais, en dehors de cela, cela n'a aucun intérêt. C'est une fonction comme une autre. Le souffle, le travail du souffle dans le yoga, n'a rien à voir avec la respiration. Dans la respiration physiologique se retrouvent les antagonismes comme la peur et la projection du futur. Quand vous laissez ces éléments mourir, il reste un certain nombre de caresses très localisées dans le corps. Certains réseaux d'énergie deviennent vivants. Vous vous sentez un peu comme un sapin de Noël illuminé. Vous réalisez que ces éclairages sont des reflets de la conscience. C'est une célébration. C'est la même chose quand vous écoutez la musique de l'Inde. Les premiers sons partent de la tamboura qui donne la sonorité fondamentale. Ensuite, le raga et les différentes étapes de l'alap se développent. Tous les différents mouvements du raga s'orchestrent jusqu'à son explosion ; ensuite, le raga se résorbe et, finalement, le son de base de la tamboura demeure. Le travail du souffle c'est tout à fait la même chose. Vous célébrez le pressentiment du silence par les différentes illuminations des éléments subtils. C'est le travail traditionnel du prānāyāma.

Tout est souffle. Un objet n'est rien d'autre que souffle. C'est pour cela que, petit à petit, vous pouvez très bien placer votre souffle dans différentes régions du corps et également dans un arbre, un animal, un espace, ou un objet soi-disant inanimé. C'est ce qui rendra l'objet sacré. Un objet est sacré uniquement quand il a été éveillé par le souffle. Ainsi, quand vous en retirez le souffle, on ne peut plus dire qu'il est sacré. Le travail du souffle amène cette sensibilité. Ce qui rend sacré un espace, c'est également le souffle. Vous pouvez très bien, quand vous rencontrez un espace qui exprime un certain déséquilibre, le libérer par votre souffle. Il en va de même quand vous rencontrez une région antagoniste dans le corps. La respiration est une fonction tout à fait légitime mais ce n'est pas le souffle.

Cela veut-il dire que même lorsqu'on en est inconscient, comme dans le sommeil, le souffle agit ? Faut-il en être conscient, le sentir ?

Le souffle qui n'est pas conscient n'a pas la capacité de refléter la conscience. C'est uniquement quand le corps est conscient qu'il a toute sa possibilité. Le corps conscient est un reflet de la conscience. Quand il ne l'est pas, il est séparé. Le mental appréhendé comme reflet de la conscience est le mental cosmique. Seule la prise de conscience réintègre cette fraction dans la globalité. Le souffle est un avec le mental. Quand votre corps dort, vous n'êtes pas localisé dans le corps. La respiration est dans le corps mais le souffle se trouve dans le rêve. C'est dans le sommeil profond, qui est un reflet complet de la conscience, que le souffle est un avec la conscience. Donc, le travail du souffle, dans le sens traditionnel, c'est l'art du passage conscient dans les différents états.

Le travail du prāṇāyāma, dans le sens orthodoxe, c'est de laisser se révéler dans les trois temps respiratoires le pressentiment de ce qu'il y a derrière : la tranquillité. De la même manière, les états qui sont vécus dans la perspective sujet/objet vont se résorber dans l'arrière-plan, et les états de veille et de rêve dans le sommeil profond, vécus, en identité. Le mot « état » n'est d'ailleurs pas juste à ce moment-là.

Quand le souffle devient très conscient, le passage entre les états de veille, de rêve, de sommeil profond ou de sommeil profond, de rêve et de veille est vécu très différemment. Il est complètement imprégné de la tranquillité. La sensibilité et l'ouverture à ces passages permettent l'harmonisation de ces états. Si l'état de veille jaillit consciemment, il sera orchestré par la tranquillité. Si l'état de rêve jaillit consciemment, il baignera dans la tranquillité. Si le jaillissement est inconscient, il y aura séparation. Le travail du souffle nous rend très sensible à ces passages entre les états. Quand vous apprenez à écouter l'inspir, la rétention, l'expir et le repos, cela se transpose dans la manière dont vous dormez et dont vous vous réveillez.

L'état de veille ou de rêve ne peut pas devenir clair. La clarté les précède. Penser que l'état de veille peut devenir clair, c'est ce que l'on appelle une démarche progressive. Ce n'est pas au rêveur de se réveiller. Le rêveur ne peut s'éveiller : il n'est que rêve. Celui qui veille dans l'état de veille n'a pas dans sa nature le pouvoir de s'éveiller. C'est uniquement l'ouverture qui peut éclairer cet état.

Le souffle conscient prépare cette investigation.

Le travail en groupe peut-il changer quelque chose au souffle personnel ?

Oui, jusqu'à un certain point l'atmosphère est favorable. À un moment donné, il n'y a plus qu'un souffle. Si le corps est déjà préparé, si on ne remue pas constamment, si on ne se réfère pas régulièrement à une tension dans telle ou telle région du corps, alors il y a un seul souffle dans la pièce.

À l'opéra, par exemple, le public peut être pris par le souffle du chanteur. Il y a un seul souffle dans la salle. Quand vous regardez un objet avec un ami, il y a un seul souffle puisque le regard c'est la conscience. Tout ce que vous regardez, votre souffle le touche. Quand vous regardez un objet, en groupe, le souffle habite cet objet. C'est pourquoi il y a une certaine joie dans les rituels collectifs. Si vous êtes seul, c'est la même chose parce que le souffle n'est pas personnel. La respiration est personnelle mais pas le souffle.

6

LE SON

Est-ce que l'origine du son, c'est le cœur ? Ce matin, vous nous avez demandé d'aller jusqu'à l'origine du son. Je me suis alors demandé si l'origine était la même pour tout le monde et si on pouvait par conséquent tous la ressentir de la même façon ?

Il s'agit plutôt d'accompagner la sonorité jusqu'à la fin, jusqu'à ce qu'elle se meure complètement dans l'écoute. Concrètement, on peut entendre le son où l'on veut. On peut l'entendre devant, derrière, dessous, à gauche. On peut le ressentir dans le genou, dans le foie, dans les poumons. Cela peut avoir une valeur thérapeutique. Mais si on ne se fixe pas sur ces localisations, il n'y a ni origine ni fin au son. Au début, le son vient toujours de quelque part. Puis, il se développe et s'effondre. Dans une écoute multidimentionnelle, c'est-à-dire sans localisation, le son jaillit et disparaît au cœur de l'écoute. Il est essentiel de ne pas aller vers le son. Quand on va vers le son, c'est une tension. Si on laisse la structure corporelle complètement disponible, c'est le son qui se propage dans la structure. C'est à ce moment-là que la sonorité joue un rôle thérapeutique. Il ne faut pas se diriger vers un son ; c'est le son qui vient à nous. La localisation ne se présente qu'à l'audition de sonorités formelles. Quand, dans votre écoute, vous laissez se développer le bruit des arbres, des oiseaux, celui des voisins, le bruit des automobiles, le son des cymbales, le bruit du souffle, celui du cœur, de la circulation sanguine et bien d'autres bruits encore, à un moment donné, un son plus originel qui n'est pas localisé se révèle. Il origine du cœur mais pas du cœur physique. La localisation joue uniquement pour un son qui a encore une substance.

7

LES COULEURS

Vous nous avez fait vivre, à certains moments, au niveau de la couleur. Les couleurs que je vois changent ; parfois, elles sont bleues, vertes ou rouges. J'aimerais comprendre l'effet des couleurs.

Vous ne pouvez pas vraiment comprendre. Quand vous passez quelques jours devant une pelouse très verte, que vous laissez la pelouse vous regarder, pénétrer vos yeux, puis tout le corps, votre corps deviendra comme un œil. Voyez ensuite comment vous vous sentez. Vous découvrirez un regain de vitalité en vous. Quand vous verrez une montagne, ou un champ de coquelicots, vous ferez la même chose. Quand, allongé, vous regardez un ciel sans nuage, vous laissez le bleu vous envahir. Restez alerte à votre nouvelle sensibilité. Les couleurs sont étroitement liées aux émotions. Certaines couleurs libèrent, d'autres obscurcissent. Vivez les couleurs de manière sensorielle. Il est inutile d'acheter un livre sur le symbolisme des couleurs puisque c'est la sensorialité qui vous permettra d'en découvrir l'effet. C'est très intéressant, vous verrez ! Il y a des jours où vous voudrez porter du bleu, d'autres jours, c'est le vert ou l'orange que vous choisirez ou qui vous choisira.

La couleur serait-elle comme un mouvement ?

Oui ! La couleur, c'est une vibration. On peut aller très loin dans le « vidage » du corps par la couleur. Quand quelqu'un est très déprimé, on lui fait visualiser certaines couleurs. Cela peut avoir un très grand effet.

Je ne connais pas les couleurs mais je les vois. J'aimerais comprendre ce phénomène. Pouvez-vous m'éclairer ?

Quand les voyez-vous ?

Quand je ferme les yeux. Quand je me concentre ou encore quand je me couche et que je ne réfléchis pas. J'observe et des couleurs passent. Elles vont et viennent. Parfois je vois du bleu, parfois du vert, du magenta, du rouge. Mais je ne connais pas du tout la signification de tout cela.

Il n'y a rien à connaître ! On peut être plus sensible aux odeurs, aux goûts qu'aux couleurs. Il n'y a rien à comprendre. Ce qui importe ici, c'est que la couleur ne se maintienne pas au niveau de la tête. Tout le corps doit absorber la couleur. Ne la nommez pas, afin que l'expérience reste sensorielle. Si vous ne nommez pas la couleur, elle perdra son aspect coloré. Il ne restera qu'un sentiment, une vibration. Tant que vous voyez la couleur, c'est un peu une forme de défense. Cela veut dire que l'accent est encore mis sur la perception. Quand la couleur vous visite, vous apprenez à laisser la coloration vous quitter. Elle vient et vous quitte. Il ne reste que la saveur, le goût de la couleur. À ce moment-là, ce n'est plus visuel. Vous ne pouvez pas voir et sentir le rouge en même temps. Ce qui est important, c'est de sentir le rouge. Pour le sentir, la couleur doit s'éliminer. Il n'y a rien à savoir et rien à comprendre dans ces choses-là. Le corps est fait de couleurs. Les organes sont faits de couleurs. Quand on est sensible à ce niveau-là, on voit en couleurs. Si vous êtes complètement disponible, que vous ne manipulez pas ces couleurs, petit à petit l'intuition vous donnera des informations. Mais ce n'est pas vous qui allez les chercher. Elles surgissent.

8

LES TENSIONS

Depuis quelques années, je prends conscience de mes tensions. Comment les approcher ?

Restez sans relation psychologique avec la tension. Une tension, c'est une sensation. Éliminez tout lien personnel avec la tension, sinon elle reste conceptuelle. Quand vous n'entrez pas dans l'explication, la justification, la condamnation ou le besoin de comprendre, ce qui reste est un percept, une sensation. Mettez l'accent sur l'espace dans lequel se trouve la tension. Un peu comme pour le son, quand vous l'écoutez, vous ne mettez pas l'accent sur le son mais sur l'écoute du son. C'est dans votre écoute que le son vient. C'est la même chose pour une tension. Ne vous concentrez pas sur la tension. Ressentez plutôt l'ouverture qui, petit à petit, permet à la tension de s'exprimer. Il n'y a aucune tendance à vouloir enlever la tension ; vous lui donnez simplement la possibilité de s'exprimer. C'est la seule manière. Quand il y a un lien psychologique, quand vous voulez enrayer une tension, à tout prix vous détendre, vous pouvez apaiser certaines régions mais cette énergie se fixera ailleurs. Quand vous écoutez une tension, elle s'articule, elle change. Si elle est superficielle, très vite elle montera à la surface et s'éliminera. S'il s'agit d'un nœud très profond, l'écoute ne suffira peut-être pas. Si vous voyez que votre écoute dans laquelle la tension se prend en charge ne permet pas un total vidage, alors il faut entrer dans une démarche plus active. En devenant conscient de la région opposée à la tension. Le son, la couleur, le goût, la sensation sont à votre disposition. Vous créez une grande plasticité dans la région opposée. Par exemple, dans le cas d'une tension lombaire, vous mettrez l'accent sur la région abdominale. Vous ressentirez sa vibration radiante et de là vous envahirez lentement la région tendue. Vous pouvez aussi utiliser l'image puisqu'elle est très liée au corps.

Certaines couleurs favorisent l'élimination, d'autres la régénération. D'autres images permettent de se libérer de certains problèmes. Amenez une grande transparence dans la région tendue. Toute cette apparente activité a lieu dans votre écoute. On reste toujours passif. Une tension beaucoup plus profonde nécessitera un entraînement quotidien à la plasticité. Quand vous avez joué avec tous les éléments sensoriels, c'est le souffle qui permettra l'élimination finale de la tension. Donnez-vous à cette dilatation du souffle. Remplissez et videz l'espace autour du corps et ensuite respirez dans la tension. Puis donnez-vous complètement à l'expiration. Généralement, l'expiration n'est pas linéaire. Très souvent, particulièrement au début, elle est faite d'une série d'à-coups. Peu à peu, les secousses s'éliminent, faisant place à un mouvement tout à fait organique. Quand le souffle est alors complètement localisé dans la région tendue, vous l'augmentez peu à peu, comme si vous respiriez d'abord dans un petit ballon, puis dans un plus grand, etc. Vous dilaterez ainsi la région à la taille de tout le corps, puis à la grandeur de tout l'environnement.

Ce qui importe, c'est la sensibilité, c'est de se mettre à l'écoute de la région. Une tension est une création constante. Ce n'est pas quelque chose qui s'est tendu et qui le reste. Une constante activité est à l'œuvre pour maintenir la tension. Quand la sensibilité corporelle se développe, la tension tôt ou tard s'élimine.

Je suis habituée à penser qu'une tension est associée à une pensée et que celle-ci amène des émotions qui ont un effet sur le corps. Quand je ressens une tension, je peux l'interpréter. Cependant, vous, vous dites qu'il n'y a pas de cause aux tensions. Quand j'ai une tension, j'agis sur mes pensées. Quand elles sont plus positives, j'ai l'impression que la tension diminue. Vous, vous approchez la tension uniquement par le corps.

Bien sûr ! Pour une tension locale, vous pouvez trouver un élément psychique. Si on vous annonce une nouvelle importante, vous allez dire : « J'ai la glotte qui monte, c'est dû à cette nouvelle. » Vous ne pensez plus à cette nouvelle et la glotte va redescendre. C'est tout à fait justifié. Mais quand vous subissez une tension de la région lombaire ou de la gorge qui a un très lointain passé, qui est très fixée dans le corps, ce n'est pas évident de trouver la pensée qui a créé cette tension. C'est pourquoi on ne peut pas perdre du temps à trouver la pensée qui sera toujours approximative. Il faut faire face à la réalité de l'instant qui est la sensation. Vous vous rendez disponible pour écouter la sensation de la région tendue. C'est tangible. Si vous écoutez la sensation sans vouloir la changer, elle passera par un certain nombre de transformations puis, inévitablement, elle se réintégrera dans son environnement. Ce ne sera alors plus une tension. De ce processus, peut alors jaillir une certaine intuition relative à la tension.

9

L'ACCOMPAGNEMENT THÉRAPEUTIQUE

Cette approche corporelle peut-elle aider les personnes qui souffrent de schizophrénie, de psychose ? Dans certaines maladies mentales, le corps est très important. On ne peut pas approcher le corps de ces gens qui souffrent de ces maladies.

Lorsqu'un nouveau cas arrive dans un hôpital psychiatrique – peu importe qu'il s'agisse de schizophrènes, de psychotiques, de mongoliens ou autre – si vous êtes observateur, vous verrez tout de suite l'effet produit sur ces gens-là. Puisqu'un schizophrène peut être affecté par la violence de son environnement, il peut l'être également par la détente de son environnement. Cela vous prouve qu'ils ressentent des émotions. Tout ce que vous pouvez faire quand vous avez un patient avec qui la communication verbale et le contact corporel sont impossibles, c'est de mettre votre corporalité en état d'ouverture. Quand vous vous présentez devant le patient dans un profond dénuement, toute votre structure est uniquement vibration. Mais la peur et l'anxiété doivent totalement disparaître afin qu'il ne reste que cet état de vibration. C'est cela qui affectera le patient. C'est la seule chose qui soit efficace puisque le corps fonctionne par mimétisme. Placer deux cent trente malades mentaux dans le même institut peut être justifié pour des raisons économiques, mais c'est catastrophique au niveau thérapeutique. Un schizophrène profond, qui vit dans un environnement où les gens sont équilibrés, gardera toute sa vie son fonctionnement de schizophrène, mais il pourra trouver un très grand apaisement qu'il lui serait impossible de goûter dans la proximité d'autres schizophrènes. Cela, c'est le problème social. En qualité de thérapeute, moins le contact extérieur avec un patient est possible et plus vous devez vous donner à cette sensibilité intérieure. C'est votre ouverture, votre détente qui va remettre en question la rétraction. Jusqu'à un certain point, la schizophrénie et plusieurs autres maladies mentales sont une forme de contraction due à l'impossibilité de communiquer.

Quand vous vous donnez totalement à votre propre ouverture, à un niveau inconscient, le patient va ressentir que vous ne le jugez pas, que vous ne l'analysez pas, que vous ne le condamnez pas. Vous êtes ouverture. C'est la seule thérapie agissante avec la peur. La schizophrénie, c'est la peur. Quand quelqu'un a peur, c'est seulement la non-peur en vous qui peut l'amener à s'apercevoir qu'il n'y a aucune raison d'avoir peur. C'est cette forme de mimétisme qui peut permettre à la tension de se relâcher. En définitive, cela est vrai pour tous les êtres que l'on rencontre. Plus la rencontre extérieure est atténuée, plus la sensibilité intérieure doit se développer.

Bien sûr, si vous rencontrez des mongoliens, ce sera très différent d'avec les schizophrènes puisque le mongolien a une très grande sensibilité corporelle et motrice. On peut très bien amener un mongolien à vivre un mouvement qui peut vraiment l'affecter, même au niveau du souffle. Très souvent, un mongolien respire dans l'espace, tout naturellement. C'est pour cela que la thérapie n'a aucune importance en soi. Ce qui est impératif, c'est que le thérapeute soit lui-même en dehors du problème. Si Laing et Bettelheim ont obtenu des résultats, c'est parce qu'ils avaient des moments d'écoute. Quand un médecin aborde un enfant autistique ou un schizophrène avec son savoir, ses classifications, il exerce une forme de violence. Quand vous interprétez un patient, vous exercez une forme de violence. Il n'y a rien à interpréter. Il faut totalement l'accepter, l'aimer. Ce n'est qu'ainsi que le patient peut s'ouvrir. À ce moment-là, bien sûr, il y a des intuitions qui viennent. Il faut regarder la personne comme vous regardez une œuvre d'art. Si elle semble déséquilibrée, c'est un manque de vision. Profondément, la schizophrénie est une tentative de la santé qui se cherche et non une santé en déséquilibre. C'est un mouvement vers la santé. Quand on écoute un schizophrène, il y a quelque chose qui se passe. Mais quand il reste pendant cinquante ans en institution où il est approché uniquement à travers des jugements, rien ne peut évoluer. Les maladies mentales, comme les autres d'ailleurs, sont en perpétuel changement. Quand vous regardez comment les gens se tiennent, comment ils respirent, il y a continuellement transformation. Ce sont des changements à peine perceptibles, mais il y a changement. Quand un patient peut exécuter quelques traits sur papier, on voit clairement qu'il y a progression. Il faut se mettre totalement à la disposition de cela. Peu de thérapeutes ont la capacité d'abdiquer complètement. Un thérapeute doit avoir la possibilité de sentir en lui la schizophrénie, de sentir ce que c'est que d'être mongolien. À un moment donné, vous vous sentez mongolien. C'est très important pour le soigner.

Avec un schizophrène, si vous vous donnez totalement à la sensibilité corporelle, à un moment donné, vous verrez le monde comme lui. Et là, votre créativité va vous amener naturellement à une thérapie très discrète, imperceptible, mais ce sera une vraie thérapie. Vous devez devenir comme le patient. Corporellement, il faut donner votre corporalité à la folie, la ressentir même au niveau du mouvement, bouger comme ces patients. Vous verrez alors comment l'articulation est tendue ou trop relâchée, comme chez les mongoliens, par exemple. Vous ressentirez la forme du visage, pourquoi un mongolien a telle ou telle forme et pourquoi d'autres malades s'expriment différemment, corporellement. À partir du ressenti, il y a des choses vraiment importantes qui se passent et qui peuvent être accomplies. Il n'y a rien à comprendre et rien à interpréter. C'est une découverte. Le malade mental nous aide à retrouver en nous cette possibilité de découvrir et de ressentir. Quand on fonctionne dans un environnement très particulier, il faut toujours devenir comme cet environnement. C'est uniquement comme cela que le malade peut vous accepter. Les malades n'aiment pas les médecins. Souvent les médecins, ou n'importe quel thérapeute, représentent une forme de violence pour eux. Un thérapeute authentique a la possibilité intérieure de devenir comme son malade. Si le malade se sent exclu de la santé, si le thérapeute ou le médecin reste toujours le soignant, cela ne peut pas fonctionner. Si vous donnez à un schizophrène la chance de vous soigner, quelque chose se passera en lui. C'est presque invisible à l'extérieur, mais on le sent. Ce n'est jamais une théorie qui soigne. Toute théorie est discutable. Laing et bien d'autres spécialistes ont beaucoup apporté dans le traitement de la maladie mentale. Mais le véritable traitement provenait du fait que ces hommes et ces femmes ont accepté a priori de ne rien savoir, de vivre en quelque sorte en osmose, sans jugement, dans la non-différence avec leurs patients. Mais un médecin-psychiatre qui se maintient seulement en tant que médecin ou psychiatre ne peut entrer dans ce monde-là. Il peut interpréter des dessins mais en surface.

Chez le mongolien ou le psychotique léger, c'est le souffle qui est très important. Un psychotique a un souffle réprimé, fermé. Quand vous dites à ces gens-là de respirer dans un très grand espace, dans une très grande amphore placée devant eux, vous obtenez très rapidement d'extraordinaires résultats. Il faut, cependant, qu'ils aient déjà une certaine possibilité de comprendre conceptuellement. Sinon, faites-le à côté d'eux. Asseyez-vous à côté d'une personne qui est complètement dans son monde et visualisez une très grande amphore devant vous. Ensuite, respirez dans cette amphore. Quand votre visualisation est très concrète, vous cassez l'amphore et remplissez l'espace. Restez dix minutes comme cela, en silence. Quand vous regarderez le patient de nouveau, vous sentirez, vous verrez le changement. On peut très bien transmettre un art, comme cela, sans parole, par mimétisme. Plus le psychotique s'ouvre et plus vous pouvez faire intervenir d'autres éléments extérieurs. Mais c'est toujours la même attitude, la même orientation.

En vous écoutant, j'ai eu le goût de m'enfuir. Ce que vous dites est très intéressant mais je me demande comment je pourrais arriver à une telle ouverture, dans un contexte hospitalier, dans des salles où se retrouvent une quarantaine de patients remplis de peur et de violence. Comment faire ?

Si, dans l'environnement dont vous parlez, vous placez quelqu'un en crise, c'est certain que tous les autres en seront affectés. Qu'il s'agisse d'une personne ou de cent, c'est exactement la même chose. Seule votre ouverture intérieure peut avoir un effet sur votre environnement. Qu'il soit global ou individuel, c'est complètement spontané. Vous pouvez être à l'extérieur de la salle, dans votre bureau et vous mettre dans un tel état d'ouverture que la salle en sera transformée. L'ouverture n'est pas délimitée par les murs. Faites-le d'abord sans la présence du patient psychotique. Le fait d'être heureux ou malheureux traverse les murs. Quand vous êtes préparée à rentrer dans le cirque, il faut voir ce qui se passe, non pas chez eux, mais ce qui se passe chez vous. Voyez quand la peur arrive, quand la réaction au système hospitalier intervient, quand la réaction aux odeurs va venir, quand la réaction à la violence du personnel et celle des psychotiques va venir parce qu'il s'agit bien de la même violence, de la même peur. Si c'est trop intense pour vous, retournez à votre bureau. Mettez-vous de nouveau à nu jusqu'à ce que vous puissiez entrer dans la grande salle et rester complètement disponible à cette violence. C'est la seule chose que vous puissiez faire. Ou encore, faites comme Laing : prenez-en une poignée et vivez avec eux. Tout le monde ne peut pas faire cela ; cela demande une vie très spéciale.

Ou bien, vous acceptez que ces gens-là restent comme ils sont toute leur vie. Ce que fait la plupart du personnel hospitalier. Comme ils ne pensent pas qu'il puisse y avoir de changement, on nourrit ces patients, on les calme. Bien sûr, quelqu'un de sensible ne peut pas accepter cela. C'est dans la mesure où vos propres peurs auront abdiqué, que tout l'environnement en sera imprégné. Vous ne pouvez pas faire davantage. Cette peur que l'on ressent dans un tel espace, vous avez la possibilité de la transformer dans un moment de non-peur. Dès que vous réagissez, vous êtes, jusqu'à un certain point, complice de la violence. Mais cela peut aussi se faire à distance. Le soir, quand vous êtes chez vous, vous mettez vos vêtements sur une chaise, vous vous allongez sur le lit et vous amenez votre corps à une totale dilatation. À ce moment-là, vos patients, vos amis, votre famille vous rendent visite. C'est le moment le plus important de la journée. Quand l'image, le goût du patient vous visite, vous allez l'absorber dans votre radiation, dans votre souffle. Vous allez le bercer et le souffle dissoudra cette sensation. C'est le travail d'un thérapeute. Cela ne se fait pas uniquement quand vous rencontrez le patient. Il faudra une répétition très fréquente de ces éléments pour que l'effet soit substantiel. Le patient ne vous visitera plus mais un autre viendra. Ne cherchez ni à retenir celui qui part ni à repousser celui qui vient même s'il n'est pas de votre réseau, ou de votre groupe. Cela se passe tout à fait organiquement. Au début, il vous faudra un certain temps, mais par la suite, cela se fera très rapidement.

Vous pensez à une personne, un certain rythme se met en marche, puis s'impose l'image d'un autre ami et le rythme change spontanément. Cela se découvre organiquement. L'éloignement physique n'entre pas en compte. Quand vous quittez l'hôpital, vous ne quittez rien ; sinon, il n'y a pas de thérapie vraiment possible.

Finalement, il est important de ne pas avoir de notions, de classifications. Il faut essayer, voir comment cela fonctionne et être complètement concret. Ce qui est certain, c'est que le monde des schizophrènes ou le monde des enfants qui éprouvent certains déséquilibres ne peut être rejoint du point de vue de l'état de veille. L'interpréter du point de vue de l'état de veille est un manque de perspective. Si un thérapeute n'est pas libre de ses problèmes, il cherchera souvent à se sécuriser en essayant de comprendre ses patients. Ce qui prédispose souvent à l'étude des maladies mentales, c'est l'espoir de faire face à ses propres déséquilibres. Vous devez accepter que vous ne savez rien, qu'il n'y a rien à savoir parce qu'un être humain ne peut jamais être compris. Comprendre un être humain, c'est de la violence. Quand vous êtes complètement disponible, vous accompagnez le patient. Si vous travaillez avec des mongoliens, ils le sentent très bien. Quand vous pensez à un mongolien, sans le rencontrer physiquement, pendant un ou deux mois et que vous le revoyez par la suite, il y a changement. Chez les schizophrènes, c'est la même chose mais leur expression sera moins démonstrative. Il faut accepter totalement la violence de l'environnement. Quand nous trouvons épouvantable la violence dans un hôpital, aucune thérapie n'est possible. Que vous travailliez dans une prison ou un hôpital, abdiquez tous vos commentaires ;

sinon, vous ne pourrez rien faire, et il vaut mieux ne pas y aller. Quand on travaille dans une prison, on ne doit pas se référer à une opinion ou à un jugement. C'est l'opinion, le jugement qui amènent les gens à devenir schizophrènes.

Ce dont il est question peut demander un temps de préparation. On peut très bien être chez soi, le matin, et, dans son fauteuil, tenter de rendre le corps disponible avant d'aller dans une prison très dure ou dans un hôpital où les cas sont dramatiques. Mentalement, vous prenez votre voiture, vous arrivez à l'hôpital, vous garez votre automobile, vous passez la première porte de sécurité, puis la seconde porte, vous prenez l'ascenseur, vous sortez au troisième étage, puis vous vous retrouvez dans la salle des patients. Immédiatement, vous trouvez cela horrible, vous sentez cette odeur, vous ressentez ce sentiment de malheur : cela, c'est une réaction. Alors, de nouveau, vous revenez mentalement dans votre fauteuil, et vous vous adonnez à une très grande détente. Vous sentez la vibration du corps et, seulement avec cette sensation, levez-vous, allez à la porte, descendez l'escalier, etc. À un certain moment, vous entrerez mentalement dans la salle et, bien que vous ressentirez la violence, la sensation ne sera que caresse. Vous resterez complètement dans cette ouverture et vous ne serez plus que regard. Vous êtes alors prête à vous rendre sur les lieux physiquement. Parfois, il est justifié d'aborder ainsi une situation jusqu'à ce qu'il n'y ait plus de réactions psychologiques.

Peut-on faire cette visualisation pour un pays qui a besoin d'aide ? Un pays qui est en guerre ?

Si le pays vous le demande, oui. Quand quelqu'un a besoin de vous, vous le savez. Quand vous rencontrez un patient, si vous pouvez l'aider, vous le savez. Si, dans votre tranquillité, vous êtes visité par le sentiment d'une région du monde en ébranlement, votre sensibilité non conceptuelle, participera spontanément à l'éclaircissement de la situation. Ce ne doit pas être une décision personnelle. Ne devenez pas un professionnel de l'aide, c'est une forme de violence. Vous n'aidez pas parce que vous pensez que vous changez les choses mais vous participez au mouvement sans jugement. Vouloir arrêter une guerre, c'est de la violence parce que vous ne pouvez juger globalement de la situation. Vouloir empêcher la violence est une forme de violence. Du point de vue humain, vous ne pouvez pas connaître l'attitude juste. Ce n'est pas à vous, en tant qu'être humain, à décider ce qui doit être fait. Vous devez accompagner les choses. Quand un pays vit des cataclysmes, vous pouvez très bien l'accompagner intérieurement. La guerre, c'est comme une tumeur, c'est quelque chose qui est en train de se nettoyer. Cela ne veut pas dire qu'il faille la créer, mais quand elle est là, vous devez participer à son éclosion jusqu'à ce qu'elle s'élimine. Vouloir arrêter quelque chose, c'est une forme de violence. Dans beaucoup de pays, on a arrêté des guerres, renversé des régimes pour y installer des régimes qui se sont avérés pires encore. Si vous vous situez dans cette ouverture, vous mettez votre corps dans une très grande disponibilité et quand vous êtes visité par une région de tremblement de terre ou de massacres, il est tout à fait possible de collaborer avec votre cœur et votre souffle. Cela se fera involontairement. Il faut être invité par le cataclysme. Vouloir aller soi-même vers un cataclysme, cela n'a pas de sens.

10

LA FATIGUE

Pourriez-vous nous parler de la fatigue chronique qui n'a ni cause organique, ni physique ?

C'est une sensation. Ne cherchez pas la cause, ni une explication, ni une justification. Il faut la sentir. La fatigue n'est pas un concept. Il faut totalement écouter la sensibilité du corps. Quand vous ressentez concrètement la fatigue, un changement s'effectue. Quand vous dites : « Je suis fatigué », c'est un concept. Vous devez ressentir la fatigue du corps. Allongez votre corps et sentez la fatigue des jambes, des bras, du dos, du visage. Sentez la fatigue très concrètement et cela suffit. Si vous la sentez totalement, sans rien vouloir changer, cette fatigue, qui est une forme de vibration, va se mettre à bouger, à se transformer. La fatigue, qui est une forme de restriction, quittera ses caractéristiques de réaction. La fatigue est un mouvement de l'intérieur qui va traverser tout le corps pour se libérer. Il se dégagera une masse d'énergie radiante qui va se libérer. Mais le schéma de la fatigue est très ancré dans le corps. Vous pouvez très bien, les premières fois, éprouver cette radiance et, de nouveau, vous sentir très vite fatigué. Surtout, ne réagissez pas à la fatigue. Ne prenez rien pour ne pas être fatigué : c'est la pire des choses. Ressentez la merveilleuse sensation de la fatigue. Goûtez-la ! Ressentez la fatigue des yeux, de la langue, des oreilles, de la glotte, des doigts. Mettez à nu toute la fatigue du corps : la fatigue des articulations, des poumons et voyez ce qui se passe. Une vibration commence à émerger pour devenir une immense radiation. La prochaine fois que la fatigue revient, pas de réaction psychologique, uniquement la sentir. Ainsi approchée, elle s'élimine. Il faudra un certain temps pour brûler la mémoire puisque la fatigue est parfois profondément inscrite dans la cellule.

Mais surtout, ne faites rien pour enrayer la fatigue, ce serait un cercle sans fin. Ne vous reposez pas, c'est le pire des remèdes. Quand vous vous reposez, vous allongez votre corps et vous vous noyez dans la fatigue ; ce qui fixe le schéma de la fatigue dans la structure du cerveau. Quand vous vous allongez pour ressentir la fatigue, c'est actif. Lorsque vous vous couchez le soir, sentez le corps fatigué, laissez-le déposer son poids sur le lit. Vous sentirez cette radiation venir. Il ne s'agit même pas de s'endormir dans la radiation, vous restez dans l'ouverture, dans l'écoute. Peu à peu, ce corps radiant va s'effondrer dans votre écoute. Bientôt, plus rien ne sera perçu, vous serez dans le sommeil profond. Quand on s'allonge et que l'on se repose dans la fatigue, on s'endort dans la fatigue. C'est ainsi que cela se fixe dans le cerveau et que cela revient. Essayez...

Est-ce la même chose pour la fatigue psychologique ou mentale ?

Il n'y a rien de psychologique. La fatigue se situe quelque part dans le corps. Cette envie de ne rien faire est l'indice que la corporalité a perdu son ouverture et vous ne vous rendez plus compte de la merveille sensorielle. Allongez votre corps et écoutez. Vous ressentirez une sensation très diffuse, inconnue. Sentez la non-sensibilité du corps : c'est une sensation comme une autre. Écoutez complètement le corps. De par sa nature, il est expression, rythme. Si vous écoutez profondément, cette sensibilité reviendra. C'est elle qui vous fait bouger, regarder, écouter. Si vous n'avez pas envie d'aller au musée, d'écouter le chant des oiseaux parce que c'est trop épuisant, que cela vous ennuie, c'est que la structure a perdu sa sensibilité. Il n'y a rien à faire de l'extérieur : il faut ré-écouter sa structure. Tout naturellement, le corps a sa santé, sa sensibilité. Tout doit être fait sensoriellement. Si vous sentez très peu, prenez un gant de crin et frictionnez tout le corps. Quand vous êtes rouge comme un homard, prenez un petit bol d'eau dans lequel vous mettez une cuillère à café de vinaigre de cidre et tamponnez rapidement votre corps. Ne vous séchez pas. Laissez la chaleur du corps le faire. Allongez-vous ensuite pour voir comment la sensibilité du corps se présente. Faites cela tous les matins en visant particulièrement les articulations. Cette neurasthénie ou dépression vous quittera complètement. Vous sentirez le corps devenir très vivant. C'est ce qui vous poussera à faire 10 000 kilomètres pour voir l'océan ou visiter un temple. Faites attention de ne pas attraper froid et n'oubliez pas de masser le dos et la colonne vertébrale. Si c'est un peu difficile pour l'articulation de l'épaule, prenez une brosse avec un manche. Au XIXe siècle, tout le monde faisait cela.

Finalement, si je comprends bien, qu'il s'agisse d'approcher un schizophrène, une tension ou la fatigue, ce qui importe, c'est d'accepter ce qui est là ?

Laissez la place à l'événement. Qu'il s'agisse d'un oiseau ou d'un tremblement de terre, vous laissez la place aux événements qui se vivent en vous : ils ne sont pas à l'extérieur. C'est notre cerveau qui nous fait nommer l'extérieur et l'intérieur mais c'est complètement conceptuel, dans le sens profond du terme. Il n'y a rien à l'extérieur. Quand vous voyez un schizophrène, c'est également une partie de vous que vous voyez. C'est uniquement comme cela que l'on peut comprendre. Quand vous voyez un massacre ou un tremblement de terre, c'est également une partie de vous. On le retrouve en soi, sinon il y a toujours séparation (long silence). Rien n'est séparé.

Quand vous dites qu'on doit laisser la place à l'événement, se donner à la sensation plutôt que de mettre l'accent sur la réaction psychologique et autre, cela semble facile mais ce n'est pas aussi évident à faire...

Quand on prend un gant de crin, on oublie très vite la tête (rires).

C'est éclairant de vous entendre. Pourtant, c'est quand
même avec ma tête que je vous écoute et que je com-
prends.

Quand vous êtes dans une situation, vous ne pouvez pas la comprendre. Vous pouvez uniquement la
sentir. Si vous comprenez uniquement ce qui est formulé, avec votre tête, en définitive, vous ne comprenez
pas. Vous devez être caressé par la formulation. Ce
que l'on dit, on pourrait également dire le contraire,
cela n'a pas d'importance. Quand vous êtes dans un
environnement, c'est l'ambiance qui amène une compréhension. C'est votre sensibilité qui vous informe sur
les éléments qui ont été compris.

Je sens que ce que vous dites est juste. C'est caressant.
C'est bon...

Voilà, vous le sentez. Vous ne le pensez pas.

Comment me rappeler de le sentir ?

Cela se fait organiquement. Quand vous êtes dans
la situation et que vous acceptez de sentir complètement votre corps, sans vouloir le changer, sans vouloir
le détendre, sans rien vouloir et que vous vous donnez
à la sensation de ce qui est là, cela s'inscrit totalement
en vous. Ce que l'on appelle comprendre quelque
chose, dans le sens profond, cela veut dire que la
compréhension s'élimine : le concept se résorbe. Ce
que l'on comprend n'a aucun sens. Quand vous allez

voir une exposition de peinture, quand vous sortez de là, très vite, les images des tableaux vous quittent, mais la beauté ne vous quitte pas. Continuer de voir l'image serait un obstacle à la beauté. Quand vous sortez de l'opéra, si vous continuez à entendre les sonorités, c'est un obstacle qui vous empêche de goûter la musique. Pour une conversation, c'est la même chose. Une conversation, c'est comme une œuvre d'art : rien n'est affirmé, ce sont des mouvements qui ont lieu dans l'espace. Ces mouvements sont là pour faire sentir l'espace. Ce que l'on dit est complètement gratuit. On pourrait parler de n'importe quoi. Si on veut comprendre, on reste au niveau de la discussion et c'est vraiment une perte de temps. Si l'on accepte le jeu, que ce que l'on dit ou fait n'a aucune importance, un goût, une ambiance restent. C'est cela qui va faire que, lorsque vous vous trouvez dans telle ou telle situation, votre attitude peut participer de cette ambiance. Cela va se transposer. Ce qui prouve qu'il y a compréhension, c'est cette faculté de pouvoir transposer à d'autres niveaux. L'objet de la compréhension n'a aucune importance. L'important, c'est une compréhension non objective où rien n'est compris. Quand vous allez voir une exposition, vous êtes sans but. Le tableau ou la sculpture qui vous amène à la beauté n'a aucune importance : ce n'est pas ce que vous rapportez avec vous. Ce qui vous reste, c'est la beauté.

11

L'OUVERTURE

Dans une discussion, au sens classique, et c'est très clair quand on lit Platon, le but n'est pas dans les arguments qui peuvent toujours être changés. Le but, c'est de trouver ce courant, cette ouverture dans laquelle ce que l'on dit a très peu d'importance. Ce qui reste, c'est ce sentiment d'ouverture. Ce n'est pas quelque chose que l'on apprend : c'est l'ouverture qui fait l'unité de l'humain. Nous l'avons en commun. Si nous pouvons aimer un autre être humain, un chien, un chat c'est parce qu'il y a cette ouverture commune à tous les êtres. Ce n'est pas quelque chose qui est à l'extérieur, qui est transmis ou qui s'apprend, c'est l'essence même des choses. Une conversation au sens traditionnel sert uniquement à tendre vers cette ouverture. Oubliez tous les arguments, demain, on pourra dire tout autre chose. Ce sentiment que la compréhension s'arrête avant la vraie compréhension, c'est cela qui est essentiel. Finalement, il faudrait se quitter avant de comprendre quoi que ce soit. Comprendre, c'est de la violence. Comprendre, c'est ramener l'inconnu au niveau du connu, des limitations, de la mémoire. Il n'y a rien qui puisse être compris. Vous restez toujours en-deça de la compréhension. Quand vous avez cette ouverture, rien ne se conclut. Quand vous dites : « Je suis d'accord, j'ai compris », vous êtes tombé dans le piège, et il y a une limitation.

Pourtant, quand on vous écoute, on a l'impression que vous avez compris quelque chose.

On ne peut rien comprendre. Il faut que ce soit très clair. Quand vous êtes dans la situation, qu'y a-t-il à comprendre ? La situation se conclut dans votre écoute mais personne ne peut la comprendre. Vous pouvez uniquement avoir les mains vides. Vous devez vous rendre compte que tout ce que vous projetez, tout ce que vous pouvez penser, c'est ce qui vous empêche d'être profondément dans la situation, de communiquer.

Pour communiquer, il faut être libre de tout passé, de toute référence. Vous vous rendrez compte alors que toute votre connaissance, toute votre compréhension sont l'obstacle à une vraie communication. Quand vous avez vu cela, il y a des moments où, naturellement, cette conceptualisation, cette idée de comprendre ne sont plus là. Vous pouvez alors regarder une œuvre d'art, écouter une situation. Tout l'art traditionnel pointe vers cette ouverture. C'est ce qui fait la différence entre l'art sacré et l'art profane. L'art profane met l'accent sur ce qui est compris, sur la forme, sur l'anecdote, sur la matière alors que l'art sacré met l'accent sur ce qu'il y a autour, sur l'espace dans lequel l'expérience, l'œuvre d'art, le dialogue apparaissent.

Le dialogue existe pour que nous puissions comprendre qu'il n'y a rien à comprendre, cela veut-il dire que nous n'avons pas besoin de parler ?

Absolument ! Le mot peut venir parfois mais si vous vous réunissez avec des amis pendant deux heures sans parler, il ne manque rien. Vous quittez vos amis avec la même ouverture. Ce que l'on vous a dit, vous l'auriez tôt ou tard découvert. C'est pour le plaisir momentané que l'on peut surimposer à la tranquillité des questions et des réponses. Mais ce n'est pas une nécessité. Ce qui est compris ne se situe pas au niveau de la pensée ou du concept. C'est cette ouverture qui permet de rencontrer les autres, le monde ; elle ne vient pas d'un raisonnement. Vous pouvez uniquement vous apercevoir que votre raisonnement ne peut pas vous amener à cet état d'ouverture, qu'il est constamment un obstacle. Le dialogue n'a de valeur que s'il pointe vers cette ouverture, sinon, c'est toujours une forme de restriction. Tout ce que l'on dit est toujours à côté, finalement, puisque les situations de la vie ne se répètent jamais. On ne peut pas vous dire comment aborder une situation, car chaque situation est neuve. On peut seulement tendre vers cette ouverture et c'est dans cette dernière que vous allez trouver la juste actualisation. On ne peut jamais dire à quelqu'un quoi faire dans une situation. C'est un non-sens. On peut vous dire comment être ouvert à la nouveauté de la situation et, selon vos capacités, vous agirez de telle ou telle manière. Si on se fixe à la formulation, on va tenter de transposer ce qui est dit à une autre situation et ce sera toujours de l'à peu près. Il ne faut pas qu'il y ait transposition mais intégration. On oublie le concept, l'œuvre d'art, ce qui a été exprimé ; il ne reste que l'essentiel. Quand vous verrez des patients, la prochaine fois, ne pensez pas à ce que l'on a dit. Il peut arriver que, naturellement, certains éléments reviennent. Ce seront davantage des sensations. Vous vous rendrez compte des peurs, des différents éléments qui composent la situation plutôt que de tenter de mettre en pratique telle ou telle chose qui, finalement, n'est pas essentielle. On a toujours le réflexe de vouloir comprendre et de penser que l'on a compris. Ce réflexe c'est la peur. C'est cela le début de la schizophrénie (rires).

Pourquoi a-t-on peur d'être à l'écoute des sensations ?

Parce qu'elles remettent en question l'image que l'on a de soi-même. Votre image sécurisante de quelqu'un qui « connaît » est remise en question par la vie de tous les jours. Quand vous vous rendez compte qu'il n'y a rien que vous puissiez connaître ou savoir, cela rend impossible la vie d'une structure qui sait, qui peut prétendre, affirmer, défendre. C'est la peur de découvrir que la personne que l'on prétend être constamment, n'a pas de réalité. Dans un état d'ouverture, il n'y a personne qui est ouvert. Oubliez le pourquoi et donnez-vous seulement à la sensation. Cette ouverture, c'est ce que l'on a de plus intime.

Il doit cependant y avoir des occasions qui nous mettent en contact avec cette ouverture ?

Tous les moments où vous regardez sans vouloir comprendre, vous êtes en contact. Qu'il s'agisse d'un oiseau ou de votre peur, si vous les regardez, sans vouloir les nommer, les juger, les critiquer, il n'y a qu'ouverture. Pas un seul instant, vous pouvez être en dehors de cette ouverture, mais nous mettons toujours l'accent sur la réaction, sur le fait d'être ceci ou cela, sur le fait d'avoir compris. C'est une mauvaise habitude. Chaque perception tend vers cette ouverture. Il n'y a pas de moment privilégié. Toutes les situations sont favorables. Toutes les activités de la journée ont le même élément sacré. Ce qui est sacré, ce ne sont pas les activités ; c'est le regard, c'est l'espace.

Je sens que cela amène à une forme de désespoir. C'est-à-dire que cela crée ce sentiment à l'intérieur.

C'est peut-être un dernier relent. Il s'agit d'un désespoir qui trouve sa base dans la joie. Il faut laisser venir le désespoir et connaître le vrai désespoir, sans cause. Tant que nous avons une raison d'être désespéré, c'est que nous ne sommes pas assez désespérés. Si nous nous donnons vraiment à ce désespoir sans cause, il va quitter sa substance, son objectivation et mourir dans l'ouverture. Mais tant que nous sommes désespéré de quelque chose, il n'y a pas la maturité nécessaire. Il faut quitter l'objet du désespoir, faire face à la sensation et laisser vivre la région du corps où il se situe : la gorge, le ventre, etc. Quand vous oubliez la raison du désespoir, vous êtes disponible pour faire face au vécu. Alors le désespoir va complètement s'éliminer.

Quelle est la relation entre la sensation et l'amour ? La sensation est-elle la présence elle-même ?

L'amour, c'est l'espace dans lequel la sensation peut se libérer, dans lequel elle est accueillie. Seul l'amour peut libérer. Quand vous regardez une situation ou un être complexe, dans cette ouverture, la situation se libère. Quand on regarde avec des références, on est complice de la situation. L'amour, ce n'est pas un concept, c'est cette profonde évidence de la non-différence. L'ouverture, c'est ce que nous avons en commun avec toute l'humanité. Quand vous regardez l'autre dans son conflit, dans son drame, c'est vous-même que vous voyez, c'est un reflet. C'est cela qui permet d'aider l'autre. L'amour, c'est la non-séparation, c'est se sentir un avec la perception. On ne peut pas aimer. Il n'y a personne qui peut aimer et il n'y a rien à aimer. Il y a simplement cette ouverture, cet amour. Aimer quelqu'un, c'est un sacrilège. Uniquement aimer l'amour.

Achevé d'imprimer
en octobre 1994 sur les presses
des Ateliers Graphiques Marc Veilleux Inc.
Cap-Saint-Ignace, (Québec).